bibliocollège

Théâtre pour rire
6ᵉ-5ᵉ

Notes, questionnaires et dossier Bibliocollège
par Bertrand LOUËT,
certifié de Lettres modernes,
professeur au collège Georges Clemenceau à Paris,
et Patrick QUÉRILLACQ,
certifié de Lettres modernes, agrégé d'arts plastiques,
professeur au collège Fabien à Montreuil

Crédits photographiques

pp. 4, 5, 7, 39, 40, 44, 59, 68, 77, 109, 115, 121, 129, 136 : © Photothèque Hachette Livre. **pp. 21, 144 :** © Prod. **p. 51 :** © Armand Colin. **p. 99 :** © Marc Enguerand. **p. 90 :** © Collection Kharbine-Tapabor.

Conception graphique
Couverture : *Laurent Carré*
Intérieur : *ELSE*
Mise en page
Médiamax
Illustration des questionnaires
Harvey Stevenson

ISBN : 978-2-01-168962-7

© Hachette Livre 2004, 43, quai de Grenelle, 75905 PARIS Cedex 15.
Tous droits de traduction, de reproduction et d'adaptation réservés pour tous pays.

Le Code de la propriété intellectuelle n'autorisant, aux termes des articles L.122-4 et L.122-5, d'une part, que les « copies ou reproductions strictement réservées à l'usage privé du copiste et non destinées à une utilisation collective », et, d'autre part, que « les analyses et les courtes citations » dans un but d'exemple et d'illustration, « toute représentation ou reproduction intégrale ou partielle, faite sans le consentement de l'auteur ou de ses ayants droit ou ayants cause, est illicite ».
Cette représentation ou reproduction par quelque procédé que ce soit, sans l'autorisation de l'éditeur ou du Centre français de l'exploitation du droit de copie (20, rue des Grands-Augustins, 75006 Paris), constituerait donc une contrefaçon sanctionnée par les articles 425 et suivants du Code pénal.

Sommaire

Introduction 5

FARCE NOUVELLE DU PÂTÉ ET DE LA TARTE
Anonyme, vers 1450.
Texte intégral et questionnaires 7

LE POT DE CONFITURES
Théâtre lyonnais de Guignol, vers 1848.
Texte intégral et questionnaires 25

LE VOYAGE À TROIS-ÉTOILES
Charles Cros, 1876.
Texte intégral et questionnaires 45

LE PETIT MALADE
Georges Courteline, vers 1910.
Texte intégral et questionnaires 55

L'ENFANT DE L'IVROGNE OU LE PETIT JUSTICIER
Cami, 1914.
Texte intégral et questionnaires 63

LE PETIT CHAPERON VERT
Cami, 1914.
Texte intégral et questionnaires 72

RUMEURS
Jean-Michel Ribes, 1972.
Texte intégral et questionnaires 81

DIALOGUE PUÉRIL
Roland Dubillard, 1975.
Texte intégral et questionnaires 94

Retour sur l'œuvre 103

Dossier Bibliocollège

Schémas dramatiques 106
Repères pour une histoire du théâtre comique 110
À vous de jouer ! 119
Vocabulaire du théâtre 122
Groupement de textes : « Les classiques du rire
au théâtre » 128
Bibliographie et filmographie 143

La Baraque des saltimbanques, fresque de Giandomenico Tiepolo, vers 1793.

Introduction

« Je serais le policier et tu serais le voleur », disent par exemple les enfants quand ils jouent. Ce faisant, ils deviennent le temps d'un jeu policiers ou voleurs : un bout de bois fait office de pistolet et deux chaises délimitent une prison. Ils sont alors les acteurs, les metteurs en scène, les accessoiristes et les décorateurs de leur jeu. Ainsi naît le théâtre, de la volonté des hommes de représenter des personnages et des événements qui les concernent. Parfois ces événements sont sérieux, parfois ils suscitent le rire. Les courtes pièces réunies ici prêtent plutôt à rire : gifles et coups de bâton pleuvent, grossièretés, farces et jeux de mots abondent. Quant à la morale… on lui préfère souvent la ruse et la tromperie.

Qu'elles soient du Moyen Âge ou contemporaines, représentées dans la rue, dans des cafés ou sur des scènes de théâtre, destinées à un public populaire ou lettré, jouées par des acteurs ou des marionnettes, toutes ces pièces

et dialogues ont en commun d'avoir été écrits dans le but de faire rire le public ou le lecteur.

L'essentiel est ici d'amuser, de distraire, quitte à bafouer le bon ton et la morale. Celle-ci sort parfois renforcée tout de même, dans le cas de la satire, qui raille un défaut de la société dans l'intention plus ou moins affichée de le dénoncer et de le corriger.

Ce recueil a été établi à partir de partis pris simples :
– tout d'abord, les textes réunis ici sont des pièces intégrales, ce qui permet, à chaque fois, de voir une intrigue se former et se conclure dans un bref laps de temps ;
– ensuite, ce florilège a été construit de manière à donner une vision aussi complète que possible des multiples formes que prend le théâtre comique en France, qu'il s'agisse de son histoire, de ses procédés, de son public ou de ses genres : farce, comédie de mœurs, boulevard, sketch, parodie, café-théâtre… ;
– enfin, les huit pièces étudiées sont classées de manière chronologique : on peut ainsi parcourir le théâtre comique du Moyen Âge jusqu'à nos jours (pour les périodes non représentées, on pourra se référer au groupement de textes qui présente des extraits de pièces plus longues).

Le lecteur est ainsi confronté aux différents types de comique et peut mesurer qu'au théâtre les gestes, les intonations, les expressions du visage et les situations sont aussi importants pour le rire que le texte lui-même.

Même si de nombreux ressorts comiques sont indémodables et parfois presque universels, la lecture montre aussi que le rire a évolué du Moyen Âge à nos jours et qu'il n'est pas le même dans toutes les couches de la société : le paysan (le « vilain » au Moyen Âge) ne voit pas les mêmes spectacles et ne rit pas des mêmes choses que le noble ou le bourgeois.

Farce nouvelle du pâté et de la tarte

La farce, courte pièce comique, est un genre populaire en vogue de la fin de la guerre de Cent Ans (en 1453) jusqu'au début du XVIe siècle. On la jouait le plus souvent en plein air, sur une scène rudimentaire composée de planches posées sur des tréteaux.

L'intrigue, très simple, met en scène des personnages, rarement plus de quatre, désignés par leur rôle social : un marchand, un paysan, un mari grognon, un curé gourmand, une épouse coquette, des mendiants ou coquins… car ils sont des « types » populaires, plus que des individus, confrontés aux difficultés de la vie quotidienne (manger, dormir, se chauffer, se défendre…). Pour les surmonter, les personnages rusent, se trompent, échangent des claques et des coups de bâton. Situations cocasses et cabrioles se succèdent et font rire de bon cœur le public.

Dans cette farce, deux mendiants rusent pour manger aux dépens d'un pâtissier et de sa femme, qui défendent tant bien que mal leurs victuailles, à coups de bâton.

QUATRE PERSONNAGES
deux COQUINS, le PÂTISSIER et sa FEMME.

La scène sera en deux parties : d'un côté la rue, de l'autre la boutique d'un pâtissier, qui pourra être figurée par un simple rideau devant lequel se trouvera une table avec un pâté et une tarte.

Scène 1[1]

Deux mendiants dans une rue, transis de froid et épuisés de faim.

LE PREMIER COQUIN – Ouille ! Brrr !

LE SECOND COQUIN – Qu'as-tu ?

LE PREMIER COQUIN – J'ai si froid que j'en frissonne ; et je n'ai pas même une chemise ou un tricot à me mettre.

LE SECOND COQUIN – Par saint Jean ! Nous faisons la paire. Ouille ! Brrr !

LE PREMIER COQUIN – Qu'as-tu ?

LE SECOND COQUIN – J'ai si froid que j'en frissonne !

LE PREMIER COQUIN – Pauvres mendiants que nous sommes. Je trouve que nous avons assez travaillé pour aujourd'hui. Ouille ! Brrr !

LE SECOND COQUIN – Qu'as-tu ?

LE PREMIER COQUIN – J'ai si froid que j'en frissonne ; et je n'ai pas même une chemise ou un tricot à me mettre.

LE SECOND COQUIN – Et moi donc !

---

note

1. scène 1 : nous ajoutons le découpage en scènes et les indications pour le jeu (didascalies), pour plus de clarté. En effet, le texte original est écrit d'un seul jet et sans aucune didascalie.

Le Premier Coquin – Mais moi plus que toi : c'est la faim qui m'habille ; mais je n'ai pas l'ombre d'un centime.

Le Second Coquin – Sommes-nous donc devenus incapables de dégoter un bon repas ?

Le Premier Coquin – Il ne nous reste plus qu'à aller mendier quelques croûtes de porte en porte.

Le Second Coquin – Tu dis vrai. Partons chacun de notre côté.

Le Premier Coquin – Eh oui, si tu veux ! Viande, pain, beurre ou œufs, nous partagerons tout. Es-tu d'accord ?

Le Second Coquin – Oui compère. Il ne nous reste plus qu'à nous y mettre. *(Ils sortent.)*

Scène 2

Devant la boutique d'un pâtissier, un pâtissier puis sa femme.

Le Pâtissier – Marion !

La Femme – Que voulez-vous, Gautier ?

Le Pâtissier – Je pars déjeuner en ville. Je vous laisse un pâté d'anguille ; vous me le ferez porter si je vous le fais demander. *(Il entre dans sa boutique.)*

La Femme – Soyez assuré qu'il en sera fait selon votre volonté.

Le Premier Coquin, *entrant avec le second coquin de l'autre côté de la scène* – Commençons ici, nous y serons tout à notre affaire.

Le Second Coquin – Il faut être seul pour quémander, je vais me cacher, mais toi, va voir s'il n'y a pas quelque chose à gagner par ici. *(Il sort.)*

Le Premier Coquin, *au second coquin* – D'accord, j'y vais. *(À la femme du pâtissier.)* En l'honneur de saint Arnould, saint Antoine et saint Maclou, veuillez, Madame, me donner l'aumône.

La Femme – Mon ami, il n'y a personne à présent pour te faire la charité. Reviens plus tard.

Le Pâtissier, *entrant* – Pendant que je pense à ce pâté, ne le remettez qu'à celui qui vous dira précisément et sans hésitation le mot de passe.

La Femme – Je m'en voudrais d'en agir autrement. Aussi, envoyez-moi un messager avec un signe clair et sûr, ou alors vous n'aurez point le pâté.

Le Pâtissier – Vous voici bien énervée ! Rassurez-vous. Voilà le signe de reconnaissance : le messager devra vous prendre par le doigt. Est-il clair, comme il doit l'être ? M'avez-vous bien compris ?

La Femme – Oui. Je vous ai compris. *(Le pâtissier sort.)*

Scène 3

Devant la boutique du pâtissier, le premier coquin, la femme du pâtissier.

Le Premier Coquin, *à part* – J'ai bien entendu ce oui. Je l'ai parfaitement compris. *(À la femme du pâtissier.)* Hélas, bonne dame, n'aurez-vous donc pas pitié de moi ? Voilà deux jours et demi que je n'ai pas mangé une miette de pain.

La Femme – Que Dieu vous vienne en aide ! *(Elle ne lui donne rien.)*

Le Premier Coquin – Que la goutte de saint Maur et de saint Guillain vous terrasse ! Que vous soyez comme des enragés. *(Ils sortent.)*

Scène 4

Dans la rue, les deux coquins.

Le Second Coquin – J'ai tellement faim que le cœur me manque. Mon compagnon ne revient pas : je ne supporterai pas qu'il mange ma part de ce qu'il a pu gagner. Ah ! Le voici. Comment va ?

Le Premier Coquin – J'enrage. Par ma foi, je n'ai rien gagné. Et toi, comment t'y es-tu pris ?

Le Second Coquin – Par la foi que je dois à saint Damien et saint Côme, je n'ai pas trouvé un homme aujourd'hui qui m'ait donné un seul centime.

Le Premier Coquin – Par saint Jean, c'est un maigre butin pour faire bonne chère.

Le Second Coquin – N'as-tu aucune idée, aucune ruse pour tâcher d'avoir de quoi casser la croûte ?

Le Premier Coquin – Si, j'ai une idée, si tu veux bien aller où je te le dirai.

Le Second Coquin – Mon cher ami, où faut-il aller ?

Le Premier Coquin – Chez ce pâtissier, là, en face ; il faudra y demander un pâté d'anguille ; mais, écoute-moi bien, fais preuve d'assurance et d'aplomb. Tu prendras la femme par le doigt et tu lui diras : « Votre mari a demandé que vous me donniez pour lui, sans discuter, ce pâté d'anguille. » As-tu compris ?

LE SECOND COQUIN – Et s'il était déjà revenu, que dirais-je alors pour sauver mon honneur ?

LE PREMIER COQUIN – Il ne le sera pas, j'en suis sûr, car il vient de partir à l'instant.

LE SECOND COQUIN – Alors je ferai comme tu m'as dit, en lui prenant le doigt. J'y vais, j'y vais. *(Il ne bouge pas.)*

LE PREMIER COQUIN – Dépêche-toi donc, gros têtu.

LE SECOND COQUIN – Palsambleu ! Ne comprends-tu donc pas que je crains d'être battu et que le pâtissier y soit encore ?

LE PREMIER COQUIN – Qui ne risque rien n'a rien.

LE SECOND COQUIN – Tu as raison. Sans plus discutailler, j'y cours. *(Il sort.)*

Scène 5

Devant la boutique du pâtissier, le second coquin, la femme du pâtissier.

LE SECOND COQUIN – Madame, écoutez-moi ! Je viens chercher ce pâté d'anguille pour votre mari.

LA FEMME – Eh mon ami ! Prouve-moi que c'est bien lui qui t'envoie.

LE SECOND COQUIN – Il m'a dit de vous prendre le doigt : avec cette preuve vous devez vous laisser faire et me donner le pâté. Donnez donc là votre main !

LA FEMME – C'est bien là la preuve que j'attends. Eh bien, voici le pâté, prenez-le donc et portez-le lui.

Farce nouvelle du pâté et de la tarte

Le Second Coquin – Par une belle journée comme celle-ci, soyez sûre que je le lui porterai sans tarder. *(À part.)* Maintenant je peux me vanter d'être un maître ès tours et attrapes ! *(Il sort.)*

Scène 6

Dans la rue, les deux coquins.

Le Second Coquin – Je l'ai ! Je l'ai ! J'ai réussi ! Regarde ça !

Le Premier Coquin – Bravo ! Tu es un chef ! Voyez ce magnifique pâté, même si nous étions trois il suffirait à combler notre appétit.

Scène 7

Sur le chemin, puis devant chez lui, le pâtissier puis sa femme.

Le Pâtissier, *seul* – Par cette croix que je vois, je m'aperçois que mes gens se sont moqués de moi et je suis bien nigaud d'avoir attendu en vain si longtemps. Par saint Jean, je retourne chez moi manger mon pâté avec ma femme car je serais bien méprisable de me laisser ainsi berner. *(À sa femme.)* Oh là ! Mon épouse ! Me voilà, je reviens !

La Femme – Par saint Rémi. Déjà ! Mais à quelle vitesse avez-vous donc avalé votre repas ?

Le Pâtissier – Par saint Jean, non, je ne l'ai pas pris. Et je suis indigné par le tour diabolique que l'on m'a joué.

La Femme – Mais alors qui vous a poussé, coquet galant que vous êtes, à envoyer chercher le pâté ?

LE PÂTISSIER — De quoi ! Comment ? Envoyé chercher quoi ?

LA FEMME — Voyez-vous ça la belle manière dont monsieur fait l'étonné.

LE PÂTISSIER — Comment l'étonné ? Expliquons-nous bien. L'avez-vous donné à quelqu'un ?

LA FEMME — Oui. Pardieu, il est venu ici un commis qui m'a prise par le doigt en me disant de lui donner le pâté sans tarder.

LE PÂTISSIER — Comment donner ? Palsambleu ! Mon pâté serait donc perdu ?

LA FEMME — Par saint Jean, vous l'avez fait demander avec le signe convenu.

LE PÂTISSIER — Vous mentez ! Je ne l'ai jamais fait demander ! Finirez-vous à la fin par me dire la vérité ? Qu'en avez-vous fait ?

LA FEMME — Ce que j'en ai fait ? Elle est bien bonne celle-là ! Je l'ai donné au messager qui est venu tout à l'heure.

LE PÂTISSIER — Ah ! J'enrage ! Faut-il que je prenne un bâton ? Tu l'as mangé.

LA FEMME — Voilà bien des mensonges. Je l'ai donné à ce messager.

LE PÂTISSIER — Alors vous en subirez les conséquences. Me prenez-vous pour un mouton et pensez-vous que je vais me laisser tondre ? Tu l'as mangé.

LA FEMME — J'enrage !

LE PÂTISSIER — Faut-il que je prenne un bâton ? Donne ton menton, je suis sûr qu'il est encore gras des restes de mon pâté. Allez ! Avouez la vérité. Qu'avez-vous fait de mon pâté ? *(Il la frappe.)*

Farce nouvelle du pâté et de la tarte

LA FEMME — Au meurtre ! Veux-tu ma mort, coquin, canaille, sot, radoteur ?

LE PÂTISSIER — Qu'avez-vous fait de mon pâté ? Je vais vous frotter le dos puisque vous l'avez mangé sans moi. Qu'avez-vous fait de mon pâté ?

LA FEMME — Au meurtre ! Oui tu veux ma mort. Puisque je te dis qu'on est venu le chercher avec le signe convenu et que je l'ai donné comme tu me l'avais demandé.

LE PÂTISSIER — Par saint Nicolas, en voici assez pour m'énerver. J'ai faim et si je n'ai rien à manger, j'explose de rage. *(Ils rentrent dans la boutique en se poursuivant.)*

Scène 8

Dans la rue, les deux coquins.

LE PREMIER COQUIN, *se léchant les doigts, avec des bruits de mastication* — Comment ? Quoi ?

LE SECOND COQUIN — Ce pâté était bien gras et succulent. Mais, par ma foi, si tu voulais encore faire un effort, nous mangerions aussi une vraiment belle tarte.

LE PREMIER COQUIN — Ah ! Par sainte Agathe, vas-y toi-même ! Prends la femme par le doigt et dis-lui que son mari t'envoie chercher encore autre chose.

LE SECOND COQUIN — Ne répète plus de telles sottises. J'ai fait ce que j'avais à faire avant toi et ce n'est plus à moi de risquer l'aventure. C'est ton tour de tenter ta chance ; c'est à toi de jouer maintenant.

LE PREMIER COQUIN — Soit, allons-y, en avant. Mais garde ma part du reste du pâté.

LE SECOND COQUIN – Sur la corde des pendus, mon ami, tu peux partir tranquille, je tiendrai nos engagements. D'ici à ce que tu reviennes, par ma foi, je te le promets, personne ne touchera à ce pâté.

205 LE PREMIER COQUIN – Tu es parfait ! Alors j'y vais, attends-moi ici. *(Il sort.)*

Scène 9

Devant la boutique du pâtissier, la femme du pâtissier, le pâtissier, le premier coquin.

LA FEMME – Aïe ! Ouille ! Mes pauvres côtes. Maudit
210 pâté.

LE PÂTISSIER – Il vous a fait sentir vos os. Paix maintenant, je vais fendre du bois là derrière.

LA FEMME *(Elle voit le premier coquin arriver et fait signe à son mari de se cacher en restant à portée de voix.)* – Sortez, vite !

215 LE PREMIER COQUIN – Madame, donnez-moi cette tarte que votre mari a laissée. Quand il a vu que je ne la lui avais pas apportée avec le pâté, il en est presque devenu fou de rage.

LA FEMME – Vous tombez à pic, vous. Prenez la peine
220 d'entrer s'il vous plaît.

LE PÂTISSIER, *entrant précipitamment* – Ah ! Coquin ! Vous croyez-vous si malin ? Par saint Jean, on va vous bichonner. Qu'avez-vous fait de mon pâté que vous êtes venu chercher ?

225 LE PREMIER COQUIN – Hélas ! Je ne suis jamais venu le chercher.

LE PÂTISSIER — Qu'avez-vous fait de mon pâté ? Vraiment, je m'en vais vous frotter les côtes.

LE PREMIER COQUIN — Hélas ! Voulez-vous me tuer sur-le-champ ?

LE PÂTISSIER — Qu'avez-vous fait de mon pâté que vous êtes venu chercher ?

LE PREMIER COQUIN — Je vous dirai la vérité mais cessez de me battre.

LE PÂTISSIER — Que nenni ! Avoue d'abord ! Hé ! Mystificateur, escroc, maraud ! Parle, sinon je te tue tambour battant.

LE PREMIER COQUIN — Paix ! Paix ! Je vais tout vous avouer. J'étais venu ici tout à l'heure pour demander la charité mais, en vérité, personne ne m'a rien donné. Cependant j'ai surpris le sésame[1] : prendre votre femme par le doigt, pour se faire remettre le pâté qu'on devait vous faire porter. Et moi, messire, qui suis plus affamé qu'un loup, je suis allé retrouver mon compère, qui est plus maigre qu'un petit faucon[2]. Nous nous sommes promis mutuellement foi et loyauté. Écoutez-moi bien maintenant, car tout ce que nous attrapons, nous le partageons équitablement. Ainsi, je lui ai appris le tour du signe du doigt et, je le regrette amèrement à présent, il est

---

notes

1. sésame : mot de passe, inspiré de la formule « Sésame, ouvre-toi », prononcée par le chef des voleurs dans *Ali Baba et les quarante voleurs*, pour ouvrir la grotte où se trouve le trésor des brigands.

2. faucon : oiseau rapace que l'on dressait pour la chasse. Il portait un collier l'empêchant de dévorer les proies qu'il rapportait à son maître. De là vient qu'il soit une image de l'affamé, comme l'est le coquin de la farce.

venu ici réclamer le pâté. Pendant que nous le mangions, le Diable sans doute lui rappela qu'il y avait encore ici une tarte à dérober. Et je fis la folle entreprise de la venir demander.

Le Pâtissier – Palsambleu ! Je te tue si tu ne promets d'aller dire à ton compagnon de venir la chercher lui-même. Puisque vous partagez tout, il est juste qu'il reçoive, tout autant que toi, sa part de coups de bâton.

Le Premier Coquin – Mon ami, je vous le promets, mais je vous prie qu'en toute justice il soit vigoureusement secoué.

Le Pâtissier – Va donc et fais-lui bonne figure. *(Il sort.)*

Scène 10

Dans la rue, les deux coquins.

Le Premier Coquin, *à part* – Par la foi que je dois à sainte Catherine, il sera rossé comme je l'ai été.

Le Second Coquin – Comment ! Tu reviens les mains vides ?

Le Premier Coquin – Holà ! Elle m'a dit d'envoyer le messager qui est venu chercher le pâté, qu'elle lui donnera la tarte sans barguigner[1].

Le Second Coquin – J'y vais tout de suite, sans flâner. Sang bleu, elle sera bonne à manger ! Mets-toi bien ça dans le crâne. *(Il sort.)*

---
note

1. barguigner : hésiter.

Scène 11

Devant la boutique du pâtissier, le second coquin, la femme du pâtissier, le pâtissier.

275 Le Second Coquin – Holà !

La Femme – Qui est là ?

Le Second Coquin – Çà ! Jeune dame, donnez-moi donc cette tarte pour votre mari.

La Femme – Ah ! Par sainte Agathe, donnez-vous donc la
280 peine d'entrer ici.

Le Pâtissier, *entrant* – Eh ! Traître, voleur, on vous pendra dans un lacet rond. Vous aurez cent coups de bâton. Tenez, voilà pour notre pâté ! *(Il le bat.)*

Le Second Coquin – Pour Dieu, je vous demande
285 pardon.

La Femme – Vous aurez cent coups de bâton. Sentez-vous encore vos côtes et votre dos rond ? À cause de vous j'ai été rossée et je ne sens plus le mien.

Le Pâtissier – Vous aurez cent coups de bâton. Tenez,
290 voilà pour notre pâté !

Le Second Coquin – Hélas ! Ayez pitié de moi, je ne le ferai plus, c'est juré, pour toujours. Mais l'autre, il me le paiera. Hélas ! Hélas ! Je souffre tant qu'il vaudrait mille fois mieux que je sois mort.

295 La Femme – Allez Gautier ! Encore plus fort, qu'il se souvienne du pâté.

Le Pâtissier – Va t'en, tu mériterais qu'on te perce la panse et les boyaux d'un coup de dague. *(Le coquin s'enfuit en gémissant.)*

Scène 12

Dans la rue, les deux coquins.

LE SECOND COQUIN — Ah ! Menteur, traître déloyal, tu m'as envoyé me faire tuer.

LE PREMIER COQUIN — Eh ! Ne devais-tu point y aller ? Ne partageons-nous pas tout, les bienfaits comme les souffrances ? Qu'en dis-tu ? Hé ! Bélître[1] ? J'en ai reçu sept fois plus que toi.

LE SECOND COQUIN — Diable ! Si tu m'avais prévenu, je n'y serais jamais allé. Hélas ! je suis tout estropié.

LE PREMIER COQUIN — Ne sais-tu donc pas qu'on dit qu'il n'est pas bien malin le compagnon qui ne trompe pas son compagnon ?

LE SECOND COQUIN — Allez, oublions cela. Tant pis pour la tarte, mangeons notre pâté et remplissons-nous la panse. *(Au public.)* Par ma foi ! Nous sommes, notez bien l'expression, des souffre-douleur, des attrapeurs de coups de bâton.

LE PREMIER COQUIN. — C'est ce que nous sommes, sans hésitation. Mais nous ne nous en vanterons pas, ni à la foire, ni à la table du seigneur et encore moins à la cour du roi. Et vous, riez et profitez de nos pirouettes et de nos cabrioles.

Imprimé à Paris par Nicolas Chrestien vers 1550,
traduction des auteurs.

---

note

1. bélître : pendard, gueux, homme de rien.

Charlie Chaplin et Jackie Coogan dans le film *The Kid*, 1921.

Au fil du texte

Questions sur la *Farce nouvelle du pâté et de la tarte* (pages 8 à 21)

AVEZ-VOUS BIEN LU ?

1. De quoi se plaignent les deux mendiants au début de la farce ?

2. Quel signe de reconnaissance faut-il donner à la femme du pâtissier pour obtenir le pâté ?

3. Pourquoi le pâtissier est-il furieux à son retour ?

4. Pourquoi le premier coquin renvoie-t-il le second coquin chercher la tarte ?

ÉTUDIER LE VOCABULAIRE ET LA GRAMMAIRE

5. Analysez le mot « *pâtissier* ».
– En vous aidant d'un dictionnaire, définissez-le.
– Expliquez l'accent circonflexe sur le « a ».
– Quel est le radical de ce mot ?
– Trouvez d'autres mots formés avec le suffixe « -ier ». Quel est leur point commun ?

6. Rappelez la règle d'orthographe qui s'applique dans ces trois mots : « *palsambleu* » (l. 105), « *compagnon* » (l. 77) et « *compère* » (l. 30).

7. Dans la scène 1, quel est le temps du verbe « *trouve* » (l. 14) et du verbe « *avons travaillé* » (l. 14). Donnez l'infinitif et le groupe de chacun de ces verbes.

ÉTUDIER LE GENRE : LA FARCE

8. En combien d'endroits différents l'action se déroule-t-elle ? Décrivez-les.

9. Comment le second coquin s'approprie-t-il le pâté ? Qui trompe-t-il ?

10. Relevez une autre tromperie et dites qui est trompé et au moyen de quelle ruse.

11. Pourquoi le pâtissier se met-il en colère ? En quoi cela est-il drôle ?

12. Faites la liste des personnages qui reçoivent des coups de bâton. Ces coups sont-ils mérités ? Que peut-on en conclure sur l'importance des coups de bâton dans la farce ?

interjection : **exclamation, mot invariable qui traduit un sentiment de celui qui le prononce.**

ÉTUDIER L'ÉCRITURE : LES RÉPÉTITIONS

13. Quelles sont les phrases répétées de la première scène de cette farce ?

14. À quoi servent ces répétitions ?

15. Dans le dialogue du pâtissier et de sa femme (scène 7, l. 145 à 185), relevez les répétitions, puis dites dans quelle mesure elles montrent la colère croissante du pâtissier.

À VOUS DE JOUER : MIMIQUES COMIQUES

16. Relevez les interjections* de la scène 1. Quelles sensations traduisent-elles ?

17. Dans quelles autres scènes trouve-t-on des interjections ? Quelles sensations ou sentiments traduisent-elles ?

Au fil du texte — Farce nouvelle du pâté et de la tarte

18. Faites les mimiques et les gestes correspondant aux sensations et aux sentiments trouvés dans les questions 16 et 17 ; faites-le d'abord devant un miroir, puis face à des camarades.

19. Décrivez une sensation ou un sentiment par écrit, puis jouez-en la mimique devant des camarades en leur demandant de noter le sentiment ou la sensation identifié(e). Comparez avec ce que vous aviez écrit, puis inversez les rôles.

LIRE L'IMAGE

20. Comment sont habillés les personnages, sur l'image de la page 21 ? Comment leur costume traduit-il leur situation sociale ? Pourraient-ils être des personnages de notre farce ? Si oui, lesquels ?

21. Cette image est-elle drôle ou émouvante ? Pourquoi ?

À VOS PLUMES !

22. Vous avez été surpris(e) à commettre un modeste forfait : rédigez l'explication que vous donnez pour tenter de vous innocenter. Donnez à votre texte un registre comique, en exagérant, en l'émaillant d'interjections et de formules suppliantes. Vous pouvez vous baser sur le modèle de l'aveu du premier coquin (scène 9, l. 238 à 253).

Le Pot de confitures

*Inventé par Louis Mourguet vers 1848, à Lyon, le **théâtre de marionnettes de Guignol** met en scène une galerie de personnages types : le valet Guignol, les maîtres, Cassandre et Octave, la jolie jeune fille (ici Émilie), l'ivrogne, Gnafron, le gendarme et le brigand.*

Dans les cafés des quartiers populaires de Lyon où s'installait le petit théâtre, Guignol, avec la complicité d'un public d'ouvriers soyeux, de canuts, de débardeurs et de petites gens, dont il partageait l'argot, roulait dans la farine les maîtres et le gendarme, comme il le fait encore aujourd'hui, pour la joie des petits enfants.

PIÈCE EN UN ACTE

PERSONNAGES
CASSANDRE
GUIGNOL, son domestique
OCTAVE, son fils
MADEMOISELLE ÉMILIE

Un jardin.

Scène 1   CASSANDRE, *puis* OCTAVE

CASSANDRE *entre et appelle son fils* — Octave ! mon fils ! venez ici. *(Octave entre.)* Savez-vous que je suis dans une grande colère ?

OCTAVE — Contre moi, mon père ?

CASSANDRE — Non pas contre vous, mon ami ; mais contre ce domestique que vous m'avez fait prendre il y a quelques semaines. C'est un gourmand fieffé[1]... Rien ne lui échappe... le vin... le sucre... les fruits, tout est au pillage chez moi. Hier encore, nos voisines Mesdames de Saint-Rémi sont venues faire une visite au château : j'ai voulu leur offrir des confitures ; il n'y avait pas un pot entier ; et qui les avait entamées ? C'était lui, c'était M. Guignol.

OCTAVE — Cela n'est pas possible, mon père.

CASSANDRE — Cela est certain... Je suis sûr de mes autres domestiques, et je l'ai déjà pris sur le fait... C'est affreux... je ne veux plus d'un pareil drôle.

OCTAVE — Mon père, votre sévérité m'afflige beaucoup... Vous savez que ce pauvre Guignol a été placé chez vous par Mademoiselle Émilie, la fille de votre ami, de votre voisin, M. Desessarts. Avec votre permission, j'ai demandé il y a peu de temps la main de Mademoiselle Émilie, j'espère une réponse favorable ; mais enfin elle ne m'est pas encore

---

note

1. fieffé : achevé, complet ; qui possède au plus haut degré un vice.

donnée… Si vous renvoyez dans un pareil moment le protégé de Mademoiselle Émilie, elle se fâchera, elle me repoussera, mon mariage sera manqué et je serai au désespoir.

CASSANDRE – Certainement j'approuve beaucoup ton projet de mariage avec Mademoiselle Émilie, qui est charmante… mais je n'y vois pas une raison pour que ma maison soit au pillage… Je veux des domestiques fidèles. Ton Guignol est intolérable.

OCTAVE – Mon père, encore un peu de patience !

CASSANDRE – Ma patience est à bout… Je vais faire des visites dans le voisinage, je rentrerai ce soir. Il faut que Guignol parte… Si je le retrouve à mon retour, je le chasserai moi-même, et avec un bon bâton, quand Mademoiselle Émilie et toute sa famille devraient en être furieuses. *(Il sort.)*

Scène 2

OCTAVE, *seul*

Mon père est fort irrité, je crois bien qu'il n'a pas tout à fait tort… Je me suis plus d'une fois aperçu de la gourmandise de Guignol… Mais comment faire accepter son renvoi par Mademoiselle Émilie ? Appelons-le et donnons-lui une bonne semonce… peut-être cela suffira-t-il. *(Il appelle.)* Guignol ! Guignol !

Scène 3

OCTAVE, *puis* GUIGNOL

GUIGNOL, *dans la coulisse* – Maître, je suis t'à la cave.

OCTAVE – À la cave ! Qu'y fais-tu ?

GUIGNOL – Je mets du vin en bouteilles.

Théâtre pour rire 6e-5e

OCTAVE, *à part* – C'est-à-dire que c'est à présent le tour du vieux bourgogne[1] de mon père. *(Haut.)* Monte tout de suite, j'ai à te parler.

GUIGNOL – Je viens... Mais je ne peux pas fermer le robinet... Ces robinets de Saint-Claude[2] sont durs comme du fer... ils perdent beaucoup.

OCTAVE – Monte donc !

GUIGNOL – Je suis obligé de le fermer avec les dents.

OCTAVE – Ah ! je vais te faire monter.

GUIGNOL *entre vivement et salue plusieurs fois* – Voilà ! voilà ! petit maître... Je me rends t'à vos ordres... qué qu'y a ?

OCTAVE – Voilà près d'une heure, Monsieur, que je vous appelle.

GUIGNOL – Y fallait ben le temps de monter les édegrés.

OCTAVE – Vous avez eu le temps de les compter.

GUIGNOL – Y en a trente-deux et demie, en comptant la petiote.

OCTAVE – C'est bien !... Veuillez, Monsieur, me regarder en face.

GUIGNOL – Je peux pas vous regarder de travers, je suis pas louche.

OCTAVE – Que voyez-vous sur mon visage ?

GUIGNOL – Je vois un joli garçon avec de jolies petites mustaches.

---

notes

1. *vieux bourgogne* : vin fin de la région de Bourgogne.

2. *Saint-Claude* : ville du Jura dont la spécialité est la fabrication de pipes et de robinets en bois pour les tonneaux de vin.

Le Pot de confitures

OCTAVE — Ce n'est pas ce que je vous demande. Vous devez voir sur mon visage la colère et l'indignation.

GUIGNOL — Je connais pas ces personnes-là.

OCTAVE — Je vais me faire comprendre. Mon père m'a chargé de vous mettre à la porte.

GUIGNOL — Oh ! je crains les courants d'air ; puis j'ai pas de goût pour être portier, on est trop esclave.

OCTAVE — Mon père te chasse.

GUIGNOL — Il me prend donc pour un lièvre… Puis il peut pas, la chasse est pas ouverte.

OCTAVE — Il ne veut plus de toi.

GUIGNOL — Il veut plus de toit ! C'est ben facile de le contenter ! Donnez-moi un m'ment ; je grimpe en haut, et dans une heure y aura plus une tuile sur la maison.

OCTAVE — Tu fais le plaisant, mais cela est sérieux. Mon père est très mécontent de ton service, et il n'en veut plus.

GUIGNOL — Et pourquoi donc ça, petit maître ?

OCTAVE — Parce que tu es le plus fieffé gourmand que la terre ait jamais porté.

GUIGNOL — Oh ! Monsieur ! pas gourmand, Guignol… j'aime que la soupe de farine jaune et le fromage fort.

OCTAVE — Tu ne bois pas non plus ?

GUIGNOL — Rien que de l'eau… comme une petite grenouille…

OCTAVE — Nous avons malheureusement la preuve de ta gourmandise. Hier, des dames sont venues faire visite au château ; mon père a voulu leur faire offrir des confitures… il n'y avait pas un pot entier…

GUIGNOL – Le confiseur les avait pas remplis. Y a si peu de bonne foi dans le commerce à présent.

OCTAVE – N'accuse pas le confiseur… Le coupable s'était trahi ; on voyait la trace de ses doigts.

GUIGNOL – Par exemple !… je les avais touchés qu'avec la langue.

OCTAVE – Tu l'avoues donc, malheureux !

GUIGNOL, *à part* – Gredine de langue, scélérate, va ! je te loge, je te nourris et tu parles contre moi ! sois tranquille ! *(Il se soufflette fort et se cogne contre le montant.)*

OCTAVE – Drôle ! je te ferai périr sous le bâton.

GUIGNOL – Petit maître, j'y retournerai plus… j'en ai mangé un petit peu, si petit… si petit… Puis, que je mange des confitures ou du fromage, c'est bien toujours la même chose.

OCTAVE – Je ne sais qui me retient…

GUIGNOL – Tapez, maître, tapez, j'ai bon dos ; mais ne me renvoyez pas, Mam'selle Émilie vous priera pour moi.

OCTAVE – Mon père veut que je te chasse.

GUIGNOL – Oui, mais Mam'selle Émilie veut que vous me gardiez.

OCTAVE – Si au moins j'avais l'espoir de te voir corrigé !…

GUIGNOL – Oh ! Monsieur, à présent c'est sacré ; je veux être battu comme plâtre si jamais…

OCTAVE – Allons, rentrez… allez brosser mon habit… j'ai à sortir.

GUIGNOL – Y a-t-il quéque commission à faire, quéque chose à porter ?

OCTAVE – Impertinent ! portez donc cela. *(Il lui donne un soufflet.)*

GUIGNOL — Merci, petit maître. La lettre est affranchie : faudra-t-il vous rapporter la monnaie ? *(Il s'enfuit.)*

Scène 4

OCTAVE, *puis* MADEMOISELLE ÉMILIE

OCTAVE, *seul* — Le drôle est amusant ; quel dommage qu'il ait un pareil défaut !… Comment le garder sans irriter mon père, et comment le renvoyer sans déplaire mortellement à Mademoiselle Émilie ? Mais la voici ; il faut bien lui raconter cette malheureuse histoire.

ÉMILIE, *entrant avec gaieté* — Bonjour, Monsieur Octave.

OCTAVE, *tristement* — Mademoiselle. *(Il salue.)*

ÉMILIE — Vous êtes bien soucieux, bien maussade aujourd'hui.

OCTAVE — Je suis fort triste, Mademoiselle.

ÉMILIE — Il me semble que vous devriez recevoir un peu plus gracieusement la visite qu'on vous fait, Monsieur. Où est Guignol ?

OCTAVE — C'est précisément votre protégé qui me donne du souci.

ÉMILIE — Qu'a-t-il donc fait ce pauvre garçon ?

OCTAVE — Je vous conseille de le plaindre : gourmand, menteur… tous les vices ! Si vous ne vous intéressiez pas à lui…

ÉMILIE — Ne vous gênez pas, Monsieur. Renvoyez-le ; mais je suis certaine qu'il n'est pas coupable.

OCTAVE — Il dévore tout : fruits, sucre, vins d'Espagne ; rien n'échappe à sa gourmandise. Hier, mon père a voulu faire servir des confitures à des dames ; tous les pots avaient été goûtés par Guignol.

ÉMILIE – Cela n'est pas possible.

OCTAVE – Il vient de me l'avouer.

ÉMILIE – Je n'en crois rien. Avec la menace on fait avouer tout ce qu'on veut à un garçon simple comme lui… Je vois bien que vous voulez me faire de la peine… Vous n'avez aucune affection pour moi… C'est bien mal de vous venger sur un pauvre garçon parce que je le protège.

OCTAVE – Mademoiselle !

ÉMILIE – Je venais pour vous donner une bonne nouvelle… je ne vous la dirai pas.

OCTAVE – Oh ! dites-la moi, Mademoiselle, je vous en supplie.

ÉMILIE – Non certainement… Accuser injustement un pauvre domestique !

OCTAVE – Injustement ?… Et si je vous prouve sa gourmandise ?… Si je vous le fais prendre sur le fait avant la fin du jour ?…

ÉMILIE – Oh ! alors…

OCTAVE – Alors me direz-vous votre nouvelle ?

ÉMILIE – Oui, Monsieur ; je suis sûre de gagner… et si vous ne réussissez pas ?

OCTAVE – Je me soumettrai à tout ce que vous ordonnerez… je subirai la peine que vous daignerez m'infliger.

ÉMILIE – C'est convenu.

OCTAVE – Convenu !

ÉMILIE – Adieu, Monsieur, préparez vos stratagèmes… mais souvenez-vous bien que, si vous ne réussissez pas, non seulement je ne vous dis pas le motif de ma visite, mais je vous défends de jamais vous représenter devant mes yeux.

Scène 5   OCTAVE, *puis* GUIGNOL

OCTAVE, *seul* — Je crois que je n'aurai pas grand'peine à gagner mon pari. *(Il appelle.)* Guignol ! Guignol !

GUIGNOL, *dans la coulisse, d'une voix étouffée* — V'là, maître, je viens.

OCTAVE — Allons, il a la bouche pleine. Viendras-tu ?… Il étouffe, le malheureux !

GUIGNOL, *arrivant* — Voilà, voilà, borgeois[1]. *(Il tousse et crache.)*

OCTAVE — Qu'as-tu donc ?

GUIGNOL — C'est la poussière. En battant votre habit, il est tombé dans les équevilles[2]… quand j'ai voulu le brosser, la poussière m'a rempli la corniôle[3].

OCTAVE — Elle paraît fort épaisse cette poussière.

GUIGNOL — C'est fini. *(À part.)* J'avais attrapé un pâté aux quenelles ; y a une patte d'écrevisse qui s'est mise en travers et qui ne voulait plus descendre la Grand'Côte[4]. Si j'avais pas avalé quéques cornichons, je tournais l'œil.

OCTAVE — J'ai une commission à te faire faire.

GUIGNOL — J'y vais, petit maître.

OCTAVE — Où vas-tu ?

GUIGNOL — Faire votre commission.

OCTAVE — Et où ?

GUIGNOL — Ah ! je sais pas.

OCTAVE — Tu es aussi étourdi que gourmand ; attends-moi là un instant.

---

notes

1. borgeois : bourgeois.
2. équevilles : balayures.
3. corniôle : en argot, la bouche.
4. Grand'Côte : gorge, en argot lyonnais.

210 GUIGNOL, *seul* – Oh ! que les maîtres sont difficiles à contenter ! Si on leur demande des explications, ils disent qu'on est bête ; si on leur en demande pas, ils disent qu'on est étourdi ; je sais plus comment les prendre... Après ça ils ont bien leurs peines... Moi, si j'étais maître,
215 je voudrais point de domestiques.

OCTAVE, *revenant avec un pot qu'il pose sur la bande*[1] – Tu vas porter cela à Mademoiselle Émilie... Aie bien soin de ce pot ; il contient des confitures, mais des confitures de l'Inde, au bambou et à l'ananas... elles valent trois cents
220 francs le pot... Va et reviens au plus vite.

Scène 6   GUIGNOL, *seul*

Des confitures de dinde et de trois cents francs le pot !... ça doit être un peu chenu[2]... ça me fait la chair de poule de porter quelque chose de si bon... Oh ! je veux pas en goûter, j'ai promis... c'est sacré... Mais je peux ben les
225 sentir... Si j'ai un nez, c'est pas pour en faire un tuyau de poêle... *(Il met le nez sur le pot.)* Oh ! qu'elles sentent bonnes ! qu'elles sentent bonnes ! ça sent la violette, la rose, le jasmin et le jus de saucisse !... Allons, allons ! emportons-les... *(Il prend le pot.)* Oh ! cette odeur me
230 prend le nez ; ça me met sens dessus dessous. Elles doivent être bien jolies... si je les regardais !... ça n'en ôtera pas ; et si on a des quinquets[3], c'est ben pour s'en servir. *(Il ôte le papier.)* Oh ! quelle jolie couleur ! couleur de pomme,

---

notes

1. bande : rebord du théâtre de marionnettes.

2. chenu : excellent, fameux ; terme populaire.

3. quinquets : petites lanternes ; ici, métaphore désignant les yeux.

couleur de vin… Elles me donnent dans l'œil ; ça me fait comme un rayon de soleil dans un siau[1] d'eau… allons, allons, pas de bêtises, emportons-les… *(Il prend le pot.)* Tiens, mon pouce qui y a touché ! mon pouce en a ! si je le lichais[2]… *(Il suce son doigt.)* Oh ! que c'est bon ! que c'est bon ! qué velours dans la corniôle ! Bah ! j'y mets les doigts. *(Il goûte encore.)*… Oh ! j'y tiens plus, j'y tiens plus. *(Il met la tête dans le pot.)*… Ah ! malheureux, qu'ai-je fait ?… y en a-t-il encore ? *(Il regarde.)* N'y a plus rien… Ah ! gredin, tu manges pour trois cents francs de confitures ! c'est plus que tu ne vaux… Que faire du pot à présent ?… Je vais tout de même le porter… on croira que c'est le chat qui les a mangées. *(Il sort.)*

Scène 7   OCTAVE, puis GUIGNOL

OCTAVE, *qui a paru vers la fin de la scène précédente : il rit* – J'espère que mon pari est gagné à présent… Ah ! Monsieur le gourmand, après le péché la pénitence… à nous deux maintenant… Le voici ! il a été leste.

GUIGNOL, *arrivant, à part* – J'ai laissé le pot à la salle à manger ; personne m'a vu.

OCTAVE – As-tu fait ma commission ?

GUIGNOL – Oui, maître.

OCTAVE – Mademoiselle Émilie était-elle chez elle ?

GUIGNOL – Oui, maître.

OCTAVE – A-t-elle regardé ce que tu lui apportais ?

---

notes

1. siau : déformation pour seau.   **2. lichais :** léchais.

GUIGNOL, *à part* – Faut que je mente à présent. Allons, un de plus. *(Haut.)* Oui maître. *(Il s'aperçoit qu'il a laissé sur la bande la couverture du pot et cherche à la faire tomber.)*

OCTAVE – En a-t-elle goûté ?

GUIGNOL – Oui, maître ; oui, maître ; elle les a trouvées très bonnes. *(À part.)* Je mens avec un aplomb…

OCTAVE – Ah ! malheureux, qu'ai-je fait ?

GUIGNOL – Quoi donc, borgeois ?

OCTAVE – Cours vite, mon cher Guignol ; cours, empêche qu'elle n'en mange encore !

GUIGNOL – N'y a pas de risque ; mais quoi donc qu'y a ?

OCTAVE – J'étais fou, vois-tu ! Ce matin, j'ai eu une querelle avec Mademoiselle Émilie ; elle m'a défendu de la revoir. J'ai cru qu'elle voulait en épouser un autre… La jalousie… la colère m'ont égaré… j'ai voulu me tuer… mais j'ai voulu me venger aussi… Ces confitures que je lui ai envoyées… elles étaient empoisonnées.

GUIGNOL – Empoisonnées ! ah ! *(Il pousse un cri et se laisse tomber sur la bande.)* Je suis mort.

OCTAVE – Comment, mort ?… Est-ce que tu en aurais mangé ?

GUIGNOL – J'en ai goûté une petite braise[1]… Ah ! maître, ça me brûle !

OCTAVE – Je vais te faire du contre-poison.

GUIGNOL – Ah ! maître, faites-en faire un plein chaudron… Que je souffre ! que je souffre !

---

note

1. une braise : un peu, une miette.

Le Pot de confitures

Scène 8
Les mêmes, CASSANDRE, ÉMILIE

ÉMILIE – Mais qu'y a-t-il donc ?

CASSANDRE – Qu'a donc ce maraud[1] à hurler ainsi ?

GUIGNOL – Y a que je suis mort : pas plus que ça !

ÉMILIE – Comment tu es mort, et tu parles ?

GUIGNOL – Je me suis conservé la parole… mais il ne me reste plus que ça.

CASSANDRE – Voilà un nouveau genre de mort. Mais qu'est-ce qui t'a tué ?

GUIGNOL – J'ai pris le bocon[2]… j'ai mangé de la poison.

OCTAVE – Mademoiselle, je l'avais chargé de vous porter des confitures ; il les a mangées en route, et pour le punir je lui ai fait croire qu'elles étaient empoisonnées.

ÉMILIE – Ah ! vilain gourmand ! tu m'as fait perdre ma gageure[3].

CASSANDRE – Allons, drôle, relève-toi ! Tu n'es pas mort du tout.

GUIGNOL – Vous croyez ?… Non, vrai, si je suis mort, vaut mieux le dire.

OCTAVE – Relève-toi donc : il n'y a de vrai dans tout cela que ta gourmandise.

GUIGNOL, *se relevant*. – Ah ! j'ai eu une fière favette[4], tout de même.

OCTAVE – Mademoiselle, puisque j'ai gagné ma gageure, ne me direz-vous pas la nouvelle que vous m'apportiez ce matin ?

notes
1. *maraud* : voleur.
2. *bocon* : pot de confitures.
3. *ma gageure* : mon pari.
4. *favette* : frayeur.

ÉMILIE – Il le faut bien, Monsieur ; je venais vous annoncer que mon père consent à notre mariage.

OCTAVE – Quel bonheur ! mon père !

CASSANDRE – Je suis très heureux de cette union. Ma bru[1], embrassez-moi… *(Il l'embrasse.)* Et ce drôle ?

OCTAVE – Mon père, il faut lui pardonner, puisque sa sottise vient d'être l'occasion d'une telle joie pour votre fils.

CASSANDRE – Eh bien ! je vous le donne. Il entrera à votre service le jour de votre mariage.

OCTAVE, *à Guignol* – Te voilà corrigé, je l'espère.

GUIGNOL – Oui, not'maître. Cependant le jour de la noce je pourrai bien faire bombance ? Ça sera la dernière fois.

OCTAVE – Ah ! mes pauvres confitures !

GUIGNOL, *au public.*
AIR : *Je suis un enfant gâté.*

> Mon amour pour le pâté
> Et la confiture
> M'a plus d'une fois jeté
> En triste aventure.
> Tout d'même' si vous en riez,
> Aujourd'hui je chanterai :
> La bonne aventure, oh gué !
> La bonne aventure !

FIN DU POT DE CONFITURES.

Théâtre lyonnais de Guignol, recueilli par J. Onofrio, 1865.

note

1. bru : belle-fille.

Le Pot de confitures

Guignol au village, peinture de Mlle Pétret, début du XXe siècle.

Guignol sur le front, récompense des soldats pendant la Première Guerre mondiale (1914-1918).

Au fil du texte

Questions sur *Le Pot de confitures* (pages 25 à 39)

AVEZ-VOUS BIEN LU ?

1. Que reproche Cassandre à Guignol et que demande-t-il à Octave ?

2. Pourquoi Octave prend-il la défense de Guignol ?

3. Quel est l'enjeu du pari que fait Octave avec Émilie ?

4. Guignol doit-il apporter à Mademoiselle Émilie :
☐ un pot de confitures de dinde ?
☐ un pot de confitures de l'Inde ?
☐ une bouteille de vieux bourgogne ?
☐ un pâté de quenelles ?
Cochez la bonne réponse.

5. Comment Octave réussit-il enfin à déjouer les mensonges de Guignol ?

ÉTUDIER LE VOCABULAIRE ET LA GRAMMAIRE : LES REGISTRES DE LANGUE*

6. Dans ces phrases de Guignol, comment se traduit le registre familier ?
« *Maître, je suis t'à la cave* » (l. 45).
« *Je me rends t'à vos ordres* » (l. 58).
« *Y fallait ben le temps de monter les édegrés* » (l. 61).
« *Je connais pas ces personnes-là* » (l. 74).

7. Récrivez maintenant les phrases de la question précédente dans le registre courant.

---

registre de langue : la langue parlée s'adapte à la situation de communication. Le registre familier s'emploie entre amis ; au théâtre, il est parlé par les gens simples et les valets. Le registre courant s'emploie dans les relations professionnelles ; au théâtre, il est employé par les nobles lorsqu'ils parlent à leurs valets. Le registre soutenu s'emploie dans les circonstances officielles (discours) et dans le discours littéraire.

Au fil du texte

8. Classez chaque mot selon le registre auquel il appartient, puis donnez un synonyme* du mot dans un autre registre.
Exemple : *falzar*, registre familier ; synonyme, *pantalon*, registre courant.
« *maussade* » (l. 139), « *stratagèmes* » (l. 181), « *équevilles* » (l. 195), « *corniôle* » (l. 196), « *attrapé* » (l. 198), « *Grand'Côte* » (l. 200).

9. Quel personnage s'exprime dans un registre familier ? Pourquoi, à votre avis ?

synonyme : mot de sens voisin.

ÉTUDIER L'ORTHOGRAPHE

10. Donnez la personne, le temps et le mode des verbes suivants : « *dirai* » (l. 166), « *subirai* » (l. 178), « *soumettrai* » (l. 177).

11. Conjuguez les trois verbes ci-dessus au futur de l'indicatif, puis au conditionnel.

ÉTUDIER LE GENRE : LES DIFFÉRENTS TYPES DE COMIQUE

12. Le comique de caractère est basé sur l'exagération d'un trait de caractère d'un personnage, par exemple la bêtise. En quoi Guignol est-il un exemple de comique de caractère ?

13. Le comique de situation repose sur une situation amusante. En quoi le dialogue entre Guignol et Octave, au début de la scène 3, repose-t-il sur ce comique ?

Le Pot de confitures

14. Le comique de mots est basé sur des jeux de mots, des calembours ou l'exploitation du double sens des mots. Qui fait des jeux de mots dans la scène 3 (l. 65 à 87) et dans quelle intention ?

15. Le jeu de mots de Guignol sur *« confitures de l'Inde »*, *« confitures de dinde »* (l. 221) est-il volontaire ? De qui rit-on ici ?

16. Le comique de répétition est basé sur la répétition d'un même gag. Trouvez deux exemples de comique de répétition dans *Le pot de confitures*.

17. Le comique de geste est basé sur un geste amusant (personnage qui tombe, coup de bâton). Dans quelle mesure la scène 6 (le monologue* de Guignol) est-elle un exemple de comique de geste ?

monologue : scène dans laquelle un personnage est seul sur scène et parle seul ; le monologue sert à faire connaître aux spectateurs les pensées de celui qui le prononce.

ÉTUDIER UN THÈME : MAÎTRE ET SERVITEUR

18. De quoi Octave menace-t-il Guignol au cours de la pièce ? Met-il ses menaces à exécution ? Pourquoi, selon vous ?

19. Dans la scène 3, quel moyen emploie Guignol pour se défendre des accusations et des menaces d'Octave ?

20. Dans la même scène, Guignol dit-il la vérité à Octave ? Pourquoi, à votre avis ?

21. Guignol mange les confitures d'Octave et Octave le prend sur le fait. Mais selon vous, lequel berne le plus l'autre, à la fin de la pièce ? Pourquoi ?

Au fil du texte — Le Pot de confitures

À VOUS DE JOUER !

22. Imaginez les gestes de Guignol à la cave (scène 3) et mimez-les, sans parler.

23. Faites le même exercice, à l'aide d'un pot, avec la scène 6.

LIRE L'IMAGE

didascalie : **indication de mise en scène, généralement composée en italique (caractères inclinés vers la droite).**

24. Expliquer en quoi la composition (orientation, cadrage) de l'image de la page 39 met en valeur les spectateurs ?

25. En quoi l'expression des spectateurs nous renseigne-t-elle sur le genre du spectacle ?

À VOS PLUMES !

26. Faites le portrait physique et moral d'un des personnages de la pièce, sous la forme d'une longue didascalie★. Détaillez l'habillement, l'allure, la posture, l'intonation du personnage.

Le Voyage à Trois-Étoiles

Charles Cros, *né en 1842 et mort en 1888, est un écrivain doublé d'un scientifique ; inventeur fécond (on lui doit un procédé de photographie en couleur, un phonographe, un chronomètre), il fréquente aussi les salons littéraires et les cafés, où il rencontre tous les grands poètes de son époque. Conteur, dramaturge et poète, il remporte un grand succès en 1876 avec ses* Monologues, *un genre qu'il invente. D'abord réservés au public lettré des salons littéraires, ses* Monologues *seront ensuite joués dans des cafés-concerts pour un public plus large.*

Un monologue est un texte comique dit par un seul personnage qui s'adresse au public (c'est l'ancêtre du sketch) et lui fait part avec le plus grand sérieux de la situation absurde dans laquelle il se trouve ou bien de l'obsession qui est la sienne. Dans Le Voyage à Trois-Étoiles, *le voyageur qui s'adresse à nous a quelques problèmes de mémoire…*

Théâtre pour rire 6e-5e

PERSONNAGE
UN VOYAGEUR : M. Coquelin Cadet[1].

La scène se passe à... de nos jours.

LE VOYAGEUR, *il entre vivement* – Pardonnez-moi, messieurs, si je suis en retard. C'est que j'arrive de voyage à l'instant même. Un charmant petit voyage que je viens de faire ! Figurez-vous un village, non, un bourg, un gros bourg même, à une heure, deux heures, trois heures au plus de Paris (je ne sais plus au juste la distance, parce que j'ai oublié de regarder l'heure en partant et même en arrivant ; et puis j'ai dormi tout le long de la route). D'abord j'étais parti pour des affaires... enfin, ça ne vous intéresserait pas. J'ai pris ma petite valise, parce que moi, les gros bagages je les oublie toujours dans le train ou ailleurs ; tandis que ma petite valise je la tiens à la main *(geste)* et elle ne me quitte jamais, je monte dans le train, j'en descends, et comme vous voyez je l'ai toujours. *(Regardant avec stupeur alternativement sa main vide et le public.)* C'est la première fois que ça m'arrive. Bah ! Elle doit être restée à la gare, je vais aller la réclamer tout à l'heure. C'est facile à retrouver une valise en cuir, non, vous savez, une espèce de toile. Il y a beaucoup de clous, oui, beaucoup de clous autour[2] ; je la retrouverai ; c'est tout justement à la gare d'où je suis parti, on doit me connaître. C'est à la gare du Nord, non ! de l'Est, non ! Ouest... Enfin je ne sais pas moi, je ne suis pas d'un port

---

notes

1. M. Coquelin Cadet : acteur très célèbre de l'époque, qui fut le premier à dire les *Monologues* dans les salons littéraires.

2. beaucoup de clous autour : traditionnellement, les valises étaient en cuir ou en toile, renforcées par des clous ; la valise du voyageur est donc semblable à n'importe quelle autre valise.

de mer, je ne connais pas les points cardinaux… Dans les ports de mer, ils se mouillent un doigt, ils le lèvent en l'air et ils vous disent, il est sud-sud-ouest ; enfin ! c'est leur affaire ! La gare que je veux dire est au bout d'une grande rue où il passe beaucoup de voitures. C'est effrayant ce qu'il passe de voitures dans cette rue-là !… Enfin, je vais me rappeler le nom tout à l'heure. Il faudra bien pour retrouver ma valise. *(Regardant sa main vide.)* Je vous assure que c'est la première fois que ça m'arrive !

J'ai donc pris la gare de… enfin, passons, et nous sommes partis. C'est très gentil de ce côté-là. Tout le long du chemin, ça doit être très gentil aussi, mais je me suis endormi après la première station. La première station c'est… Ah ! je me souviens de ce nom-là… c'est quelque chose-ceinture. Ça va nous aider à retrouver la gare.

Oh ! si vous aimez voyager, il faut aller par là. Moi ! j'adore voyager ; surtout comme ça. J'ai dormi !!! j'ai bien entendu crier des noms en *ville,* en *val,* en *gny*. Je n'ai pas la mémoire des noms, cependant vous comprenez bien que j'avais retenu celui de l'endroit où j'allais. C'est ?… comment donc ? je l'ai sur le bout de la langue. (C'est si joli ce petit pays !) Enfin, je vais vous le dire dans un instant. Aussi je me suis réveillé et je suis descendu du train. Ah ! vous devriez y aller, c'est très pittoresque.

Mon Dieu, la station, vous savez, c'est un peu comme toutes les autres stations. C'est gentil tout de même. Il y a comme un hangar en bois peint, tout ouvert du côté de la voie ; il y a une banquette autour, en dedans, et puis des affiches de toutes les couleurs ; vous voyez bien ça ? Des affiches rouges, des bleues, des vertes, des jaunes, – ça fait un très joli effet.

Il y a un petit omnibus qui mène au bourg qui est à un bout de temps de là.

Ah ! c'est amusant les voyages ! Surtout cet endroit-là. Figurez-vous que, dans l'omnibus, je regardais le paysage… C'est très pittoresque par là. À droite, il y a des champs, des champs… de luzerne… de blé… ou d'orge, moi je ne connais pas les plantes, c'est l'affaire des cultivateurs. Il y en a qui voient de l'herbe et qui vous disent : ça c'est de l'orge, ça c'est de l'avoine, ça c'est du trèfle. Moi, je n'y connais rien. Pourtant là, à droite, je vous assure qu'il y a beaucoup de luzerne ; c'est d'un très joli effet ; c'est très pittoresque… Et puis il y a une route que suit l'omnibus, une route comme une autre… pas tout à fait comme une autre, non ! Il y a une maison, une petite maison blanche avec des volets verts. Vous n'avez pas idée comme c'est joli des volets verts sur une petite maison blanche.

À gauche… attendez ! ah ! oui ! je vois ça d'ici… à gauche il y a encore des champs, des champs de luzerne aussi. Ces champs à droite, ces champs à gauche, toute cette luzerne, c'est très joli, c'est très pittoresque, je vous assure.

L'omnibus vous descend devant l'hôtel, le principal hôtel sur la place ; c'est l'hôtel du *Soleil d'Or* ? non, du *Lion d'Or* ? non… enfin c'est quelque chose en or.

Je sais bien qu'il y a un autre hôtel à côté, quelque chose en or aussi ; mais il faut aller à celui dont je vous parle, c'est le meilleur ; vous le reconnaîtrez bien, allez-y de ma part. Les gens qui le tiennent sont très gentils ; je n'ai eu besoin de m'occuper de rien, ils m'ont donné tout de suite une chambre au premier… ou au second, je ne sais pas. Si vous y allez, demandez cette chambre-là. C'est le n°… 7, non… 3, ou non, je ne sais plus ; mais ils vous la donneront : ils sont si gentils. C'est une chambre très propre.

Le Voyage à Trois-Étoiles

La bonne a pris ma valise. (C'est ennuyeux que je l'aie oubliée, il va falloir que j'aille la rechercher dans un instant.) Elle n'est pas mal... la bonne. Comme elle disait bien : « Bonjour, monsieur. Monsieur a fait un bon voyage ? » Et quels yeux !! vous savez, a-t-elle les yeux bleus, noirs, verts, je n'en sais rien. Est-ce que je fais attention à la couleur des yeux ? Il y a des gens qui vous disent cette dame est grande, petite, elle est blonde, elle est brune. Qu'est-ce que ça fait ? pourvu qu'elle soit gentille ! Moi je ne me souviens pas de tous ces détails.
Il faut prendre cette chambre quand vous irez là-bas. C'est propre ! Il y a un lit d'abord avec des rideaux blancs ; il y a aussi des rideaux blancs à la fenêtre ; il y a une table, puis il y a deux... non ! trois chaises. Ah ! il y a encore un fauteuil ; le fauteuil par exemple est un peu dur, mais en voyage il ne faut pas être si difficile que ça.
La bonne a ouvert la fenêtre... (elle n'est pas mal du tout, la bonne), elle a ouvert la fenêtre pour donner un peu d'air. Il y a une vue très jolie ; ça donne sur la place ; on est juste en face du café du Commerce, non ! de l'Union, non ! je crois, du Progrès. C'est le café le plus convenable de l'endroit. Je suis descendu avant le dîner au café ; il y avait beaucoup de monde. Il faudra que vous alliez à ce café-là. Vous le reconnaîtrez, il y a un billard. C'est là qu'on voit les habitudes du pays, les costumes, etc. Ainsi là il y avait des gens en blouse bleue, il y en avait d'autres qui avaient des paletots. Ils s'habillent drôlement dans ce pays-là. En somme le costume est gentil. Ce sont des gens très bien... je les ai entendus causer de leurs affaires. Ils causent bien ; ils parlaient, mon Dieu vous savez, du prix des grains, des foins, des achats et des ventes de bestiaux, des bœufs, des veaux, de tant pour cent. Il y avait un grand en blouse avec un fouet ; je crois que c'était un

maquignon[1] parce que je lui ai entendu dire : « Quand j'achète un cheval, je veux que ce soit un cheval, car si c'est pas un cheval !… moi je veux un cheval ! »
Je vous assure, c'est un très joli petit pays. Vous devriez y aller.
Après j'ai été dîner à l'hôtel, à la table d'hôte. Vous ne savez peut-être pas ce que c'est, une table d'hôte ? C'est très curieux, surtout celle-là. Allez donc voir ça, allez-y de ma part. C'est une table dans une salle à manger longue, une table qui a la forme d'un carré long… non ! je crois que celle dont je vous parle est ronde, ou plutôt ovale ; enfin ça ne fait rien ; moi je mange aussi bien sur une table carrée que sur une table ronde.
Je ne sais plus ce qu'on a mangé ! Il y avait du potage et puis des viandes ; enfin ! on mange très bien. On a discuté, mais discuté gentiment.
La discussion est devenue un peu vive à la fin ; je serais bien resté, mais l'omnibus de la gare est venu me reprendre, j'ai dû repartir tout de suite pour affaires… Vous savez des affaires… Enfin ! ça ne vous intéresserait pas. J'avais mangé un peu vite. J'avais envie de dormir ! Et je m'en suis donné tout à mon aise, je vous assure, à peine assis dans le wagon. En revenant, figurez-vous que je me suis rendormi dans la voiture qui m'a ramené ici.
(Il tire sa montre.)
Mais voici la demie. Ah ! je ne sais pas de quelle heure.
Ma montre marche juste, mais elle n'a qu'une aiguille, la grande, pour les minutes. C'est égal, il n'est que temps d'aller rechercher ma valise. Mais comment vais-je faire

---

note
1. maquignon : marchand de chevaux.

pour retrouver la gare ?... Ah ! je demanderai à un cocher... et avec un bon pourboire... *(Il se fouille.)* Mais, mon porte-monnaie ?... il doit être dans ma valise ! Enfin, si vous entendez parler de cette valise en cuir... en toile, avec des clous, beaucoup de clous, écrivez-moi n°... rue... Ah ! sapristi ! enfin ça ne fait rien, écrivez-moi ; je suis très connu dans le quartier. *(Il s'en va et revient dire :)* Mettez bien le prénom, à cause du voisin d'au-dessus qui s'appelle comme moi.

Charles Cros, *Monologues*, 1876.

Georges Colomb (1856-1945), dit Christophe, *La Famille Fenouillard,* « **Premier départ** », © Armand Colin, 1893.

Au fil du texte

**Questions sur *Le Voyage à Trois-Étoiles*
(pages 46 à 51)**

AVEZ-VOUS BIEN LU ?

1. Quel objet le voyageur a-t-il oublié ?
2. Comment est cet objet ?
3. Où le voyageur est-il allé en voyage ?
4. Comment s'y est-il rendu ?
5. Comment était la chambre de l'hôtel où il est descendu ? Y a-t-il dormi ?
6. Quelle est la particularité de sa montre ?
7. Qu'a-t-il oublié d'autre à la fin du texte ?

ÉTUDIER LE VOCABULAIRE DU VOYAGE

8. Cherchez dans le dictionnaire la définition du mot « *pittoresque* » (l. 48, 60, 67 et 76) et dites pourquoi, d'après vous, le voyageur l'emploie si souvent.

9. Cherchez, dans les quatre premiers paragraphes (l. 1 à 55), d'autres mots ou expressions allant dans le même sens.

10. Pourrait-on retrouver l'endroit où le voyageur est allé à partir des indications qu'il nous donne ? Pourquoi ?

11. Quel est le sens du mot « *gentil* » (l. 35) dans le texte ? Cherchez les autres sens de ce mot dans un dictionnaire. Quel rapport voyez-vous entre ces différents sens ?

12. Quel est le sens du titre ? En quoi est-il ironique ?

13. Expliquez le mot « *omnibus* » (l. 56), puis trouvez d'autres mots commençant par *omni-*. Quel est leur point commun ?

ÉTUDIER LA GRAMMAIRE ET L'ÉCRITURE

14. Dans le deuxième et le troisième paragraphe (l. 34 à 48), observez la ponctuation. Quels signes retrouve-t-on et pourquoi ?

15. « ça doit être très gentil aussi, mais je me suis endormi » (l. 36-37). Quelle est la nature du mot « mais » ? Dans quels cas l'emploie-t-on ? Proposez d'autres mots pour le remplacer.

16. « *les gros bagages, je les oublie [...] ma petite valise je la tiens à la main [...] je l'ai toujours* » (l. 12, 13 et 15). À quoi servent les mots soulignés ? Comment les appelle-t-on ?

17. Dans le paragraphe de la ligne 101 à 106, le voyageur répète souvent « *il y a* ». Pourquoi ?

18. Récrivez le paragraphe étudié à la question précédente en éliminant la répétition de « *il y a* ».

didascalie : indication de mise en scène.

ÉTUDIER LE MONOLOGUE

19. Retrouvez les didascalies★ du texte. Comment sont-elles présentées ? Que nous apprennent-elles ? À quels moments du texte sont-elles placées ?

À VOUS DE JOUER !

20. Imaginez le costume, la démarche et la voix d'un personnage très sûr de lui, d'un autre qui a peur, d'un troisième qui fait peur et d'un dernier qui est très timide. Écrivez, pour chacun de ces personnages, une phrase qui lui corresponde et faites votre entrée en disant cette phrase.

21. Vous êtes le voyageur. Réfléchissez à votre costume, votre manière de vous déplacer et de vous exprimer. Apprenez le texte de la ligne 11 à la ligne 25 et jouez-le devant vos camarades.

LIRE L'IMAGE

22. Comment est habillé le personnage de l'image page 51 ? Que fait-il ?

23. En quoi pourrait-il être le personnage du *Voyage à Trois-Étoiles* ?

À VOS PLUMES !

24. Écrivez un monologue dans lequel le voyageur raconte comment il a réussi (ou pas) à retrouver sa valise et à rentrer chez lui.

25. L'un de vos amis vous raconte un voyage absolument sans intérêt.

Le Petit Malade

__Georges Courteline__, né en 1858 et mort en 1929, est soldat, fonctionnaire, journaliste et auteur de pièces de théâtre de boulevard. Il rend risibles et comiques ses personnages en soulignant leurs manies et leurs tics, souvent liés à leur métier ou à leur condition sociale. Il prend l'armée pour cible, avec Les Gaietés de l'escadron, *en 1886, puis l'administration, avec* Messieurs les ronds-de-cuir, *en 1891-1892, pièce dans laquelle il se moque des fonctionnaires.*

Dans ses Contes, *courtes scènes comiques, il décrit des personnages dans leur vie quotidienne : ici une mère distraite qui appelle au secours le docteur car son petit garçon est atteint d'une curieuse maladie…*

PERSONNAGES

LE MÉDECIN
MADAME (la mère)
TOTO

LE MÉDECIN, *le chapeau à la main* — C'est ici, Madame, qu'il y a un petit malade ?

MADAME — C'est ici, Docteur ; entrez donc. Docteur, c'est pour mon petit garçon. Figurez-vous, ce pauvre mignon, je ne sais pas comment ça se fait, depuis ce matin tout le temps il tombe.

LE MÉDECIN — Il tombe !

MADAME — Tout le temps ; oui, Docteur.

LE MÉDECIN — Par terre ?

MADAME — Par terre.

LE MÉDECIN — C'est étrange, cela. Quel âge a-t-il ?

MADAME — Quatre ans et demi.

LE MÉDECIN — Quand le diable y serait, on tient sur ses jambes, à cet âge-là ! Et comment ça lui a-t-il pris ?

MADAME — Je n'y comprends rien, je vous dis. Il était très bien hier soir et il trottait comme un lapin à travers l'appartement. Ce matin, je vais pour le lever, comme j'ai l'habitude de faire. Je lui enfile ses bas[1], je lui passe sa culotte[2], et je le mets sur ses jambes. Pouf ! il tombe !

LE MÉDECIN — Un faux pas, peut-être.

MADAME — Attendez !... Je me précipite ; je le relève... Pouf ! il tombe une seconde fois. Étonnée, je le relève encore... Pouf ! par terre ! et comme ça sept ou huit fois de suite. Bref, Docteur, je vous le répète, je ne sais pas comment ça se fait, depuis ce matin, tout le temps il tombe.

---

notes

1. bas : chaussettes.
2. culotte : pantalon.

Le Médecin — Voilà qui tient du merveilleux. Je puis voir le petit malade ?

Madame — Sans doute.

Elle sort, puis reparaît tenant dans ses bras le gamin. Celui-ci arbore sur ses joues les couleurs d'une extravagante bonne santé. Il est vêtu d'un pantalon et d'une blouse lâche, empesée de confitures séchées.

Le Médecin — Il est superbe, cet enfant-là !... Mettez-le à terre, je vous prie.

La mère obéit. L'enfant tombe.

Le Médecin — Encore une fois, s'il vous plaît.

Même jeu que ci-dessus. L'enfant tombe...

Madame — Encore.

Troisième mise sur pieds, immédiatement suivie de la chute du petit malade qui tombe tout le temps.

Le Médecin, *rêveur* — C'est inouï. *(Au petit malade, que soutient sa mère sous les bras.)* Dis-moi, mon petit ami, tu as du bobo quelque part ?

Toto — Non, Monsieur.

Le Médecin — Cette nuit, tu as bien dormi ?

Toto — Oui, Monsieur.

Le Médecin — Et tu as de l'appétit, ce matin ? Mangerais-tu volontiers une petite sousoupe ?

Toto — Oui, Monsieur.

Le Médecin — Parfaitement. C'est de la paralysie.

Madame — De la para !... Ah Dieu !

Elle lève les bras au ciel. L'enfant tombe.

Le Médecin — Hélas ! oui, Madame. Paralysie complète des membres inférieurs. D'ailleurs, vous allez voir vous-même que les chairs du petit malade sont frappées d'insensibilité absolue. *(Tout en parlant, il s'est approché du gamin et il s'apprête à faire l'expérience indiquée, mais tout à coup...)* Ah ça, mais... ah ça, mais... ah ça, mais... *(Puis éclatant.)* Eh ! sacrédié, Madame, qu'est-ce que vous venez me chanter avec votre paralysie ?

MADAME – Mais, Docteur...

LE MÉDECIN – Je le crois bien, tonnerre de Dieu, qu'il ne puisse tenir sur ses pieds... Vous lui avez mis les deux jambes dans la même jambe du pantalon !

Georges Courteline, *Théâtre*,
© Éditions Flammarion, 1930.

Le Petit Malade

La consultation chez le médecin, vers 1900.

Au fil du texte

Questions sur *Le Petit Malade* (pages 55 à 59)

AVEZ-VOUS BIEN LU ?

1. Quel personnage entre au début de la pièce et que demande-t-il ?
2. Qui est le petit malade ?
3. Quel est le symptôme de sa maladie ?
4. Quel diagnostic le médecin fait-il d'abord ?
5. Que veut-il faire pour vérifier ce diagnostic ? Coche la bonne réponse.
   - ☐ Pincer l'enfant.
   - ☐ Prendre sa température.
   - ☐ Le tremper dans de l'eau froide.
6. L'enfant est-il vraiment malade ?

ÉTUDIER L'ORTHOGRAPHE

7. Quel est le genre de ces deux groupes nominaux : « *mon petit garçon* » (l. 4) et « *ce pauvre mignon* » (l. 4). Récrivez ces groupes au féminin singulier. Quelles règles peut-on en déduire sur la formation du féminin des adjectifs qualificatifs et sur le genre des noms ?
8. Donnez le sens, la catégorie grammaticale et le genre du mot « *appétit* » (l. 48).
Trouvez d'autres mots commençant par un « a » suivi d'une consonne doublée.

ÉTUDIER LE VOCABULAIRE ET LA GRAMMAIRE

9. Relevez les questions posées par le médecin à la maman de Toto, puis celles qu'il pose à Toto et répondez aux questions.

– Quelles interrogations sont totales ?
– Quelles interrogations sont partielles ?
– Montrez que le médecin ne pose pas ses questions de la même manière, suivant qu'il s'adresse à Toto ou à « Madame ».

10. Montrez, en vous appuyant sur un relevé précis, que le médecin adapte son discours à Toto en employant un vocabulaire simplifié.

ÉTUDIER UN THÈME : LES MÉDECINS ET LES MALADES AU THÉÂTRE

11. Après avoir lu la pièce dans son ensemble, pensez-vous que « Madame » a bien fait de convoquer le médecin ? Répondez en vous appuyant sur ses répliques* et sur les didascalies*.

12. De quelle manière le médecin dresse-t-il son diagnostic ? Que fait-il lorsqu'il découvre la vraie cause de la « maladie » de Toto ? Fait-il preuve de bonne foi ou au contraire abuse-t-il de l'autorité qu'il tient de son titre de médecin ? Relevez les termes qui l'indiquent.

13. Connaissez-vous d'autres pièces qui présentent le médecin dans une situation comique ? Lesquelles ?

ÉTUDIER UN PROCÉDÉ : LE RENVERSEMENT DE SITUATION

14. Dans quelle mesure pouvez-vous dire que la situation se renverse à la fin de la pièce ? Relevez les répliques qui indiquent ce renversement.

15. En quoi ce renversement de situation est-il comique ?

réplique : au théâtre, phrase courte prononcée par un personnage dans un dialogue.

didascalie : indication de mise en scène, généralement composée en italique (caractères inclinés vers la droite).

Au fil du texte — Le Petit Malade

À VOUS DE JOUER : LE PERSONNAGE DU MÉDECIN

16. Le personnage du médecin ne parle pas de la même manière selon qu'il s'adresse à Toto ou à sa mère. Essayez d'imiter le ton qu'il adopte, par exemple respectueux et obséquieux, lorsqu'il parle à « Madame » (l. 1 à 28), puis mièvre et avec une petite voix flûtée, comme en imitant un enfant, lorsqu'il parle à Toto (l. 42 à 50).

17. Relisez les deux dernières répliques du médecin depuis « *Ah çà, mais…* ». Dites quel ton il adopte après avoir découvert la vraie cause de la maladie de Toto.
☐ joyeux ☐ indigné ☐ indifférent
☐ moqueur ☐ essoufflé ☐ apitoyé
☐ coléreux ☐ désabusé ☐ séducteur

18. Jouez la dernière réplique avec l'intonation qui correspond le mieux, selon vous, à la situation. Puis jouez-la avec une autre intonation, inadaptée. Quel est l'effet produit ?

LIRE L'IMAGE

19. Sur la photographie de la page 59, relevez les indices qui permettent de reconnaître le médecin et le malade.

À VOS PLUMES !

20. Un parent accompagne son enfant malade chez le médecin. Imaginez le dialogue entre ces trois personnages. Rédigez votre dialogue d'une manière telle que le spectateur de cette « saynète » puisse deviner la maladie de l'enfant sans qu'elle soit nommée. Vous pouvez utiliser les gestes et les mimiques, que vous présenterez par des didascalies.

L'Enfant de l'ivrogne ou le Petit Justicier

Cami, *né en 1884 et mort en 1958, est d'abord un acteur comique. En 1910, il devient le directeur du* Petit Corbillard illustré, *journal des pompes funèbres, où il publie des textes et des dessins d'humour noir. À partir de 1912, il écrit pour de nombreux journaux de très courtes pièces de théâtre humoristiques, qu'il nomme « fantaisies » puis « drames camiques ». Ces pièces, qui rencontrent un très grand succès, ne sont pas écrites pour être jouées mais pour être lues.*

L'Enfant de l'ivrogne ou le Petit Justicier *est paru dans* L'Homme à la tête d'épingle *(1914), le deuxième recueil de fantaisies de Cami. On y retrouve toutes les caractéristiques de l'écriture camique : une histoire construite pour amener à une* chute[1] *(souvent un jeu de mots idiot), des personnages sans noms, désignés par leurs caractéristiques physiques, psychologiques ou professionnelles, une division de la pièce en* actes[2] *titrés.*

---

notes

1. chute : fin inattendue et frappante.
2. acte : une pièce de théâtre se subdivise en actes (souvent 1, 3 ou 5) qui comportent plusieurs scènes. Traditionnellement, un changement d'acte correspond à un changement de décor ; un changement de scène correspond à l'entrée ou à la sortie de nouveaux personnages.

Premier acte

Pauvre mère ! Pauvre enfant !
La scène représente un pauvre logis.

Le Bon Petit Enfant, *seul* – Après avoir travaillé sans repos toute la semaine, ma pauvre mère est allée livrer sept mille dessous-de-bras à sa maison de confection. Pendant ce temps, mon père indigne s'enivre dans les cabarets de la cité.

La Pauvre Mère, *entrant* – Me voici de retour. Cher bon petit enfant, sur mon maigre salaire j'ai prélevé quelques sous pour t'acheter ce modeste jouet.

Le Bon Petit Enfant, *prenant le jouet* – Oh ! c'est une bergerie avec un petit berger, une petite bergère, des petits moutons enrubannés de rose, et des petits arbres verts montés sur rondelles de bois !

La Pauvre Mère – C'est aujourd'hui samedi, ton père indigne va rentrer plus ivre que d'habitude. Les coups vont pleuvoir dans le triste logis !

Le Bon Petit Enfant – Ah ! si j'avais sept ou huit ans, tu verrais, mère, comme je te délivrerais promptement de ton bourreau. J'ai lu, sur les journaux dans lesquels tu enveloppes ton ouvrage, les exploits héroïques de ces bons enfants qui brûlent la cervelle de leur père pour protéger leur mère, ou qui poignardent leur mère pour libérer leur père. L'exemple de ces petits justiciers me hante jour et nuit. Mais hélas ! je n'ai que six ans et demi : un revolver serait encore trop lourd pour mes frêles mains d'enfant.

La Pauvre Mère – Cher petit ! Résignons-nous. Subissons sans nous plaindre les injures et les coups de ton père indigne. Couche-toi. Je passe dans la pièce à côté pour coudre des dessous-de-bras toute la nuit. *(Elle passe dans la chambre à côté.)*

LE BON PETIT ENFANT, *seul* — Des pas titubants se font entendre dans l'escalier. C'est mon père indigne. Il va vouloir, comme d'habitude, pénétrer dans la chambre où ma mère travaille pour l'assommer à coups de brodequins[1]. Oh ! non ! cela n'a que trop duré ! Je vais la défendre, moi !

DEUXIÈME ACTE

Une brute.
Même décor.

LE PÈRE INDIGNE, *entrant en titubant* — Où est la mère ?

LE BON PETIT ENFANT — Mère travaille dans la pièce à côté pour gagner notre pain quotidien. *(Le père indigne se dirige vers la chambre où travaille la mère. Le bon petit enfant, les bras étendus, lui barre le chemin.)* Père indigne, tu ne passeras pas !

LE PÈRE INDIGNE — Je ne passerai pas, insecte ?

LE BON PETIT ENFANT — Non ! Bats-moi puisque tu es méchant, mais ne brutalise pas petite mère.

LE PÈRE INDIGNE, *battant son fils* — Tiens ! tiens ! tiens ! *(Apercevant la petite bergerie.)* Des brebis ? Des brebis chez moi ! Tiens ! voilà ce que j'en fais, moi, des brebis ! *(Il piétine la bergerie.)*

---

note

1. brodequins : chaussures montantes de marche.

LE BON PETIT ENFANT, *les larmes aux yeux* — Ma pauvre bergerie ! *(À part, avec joie.)* Ô bonheur ! Mon père indigne, fatigué de piétiner ma bergerie, vient de s'étaler sur le lit. Il dort déjà d'un profond sommeil de brute. Mère ne sera pas battue ce soir. Oh ! quand trouverai-je l'idée qui la délivrera définitivement ? Quand ? Cherchons.

LE PÈRE INDIGNE, *rêvant à haute voix* — Des brebis chez moi ?... Des brebis !...

TROISIÈME ACTE

Une idée d'enfant.
Même décor. Une heure après.

LE BON PETIT ENFANT — Mon père indigne dort toujours. L'orage terrible qui vient d'éclater ne l'a pas réveillé. Le tonnerre gronde formidablement et ma pauvre mère coud des dessous-de-bras dans la pièce à côté. Ah ! quelle nuit terrible pour un enfant de six ans et demi ! Depuis une heure je cherche le moyen de délivrer ma mère du bourreau qui la martyrise.

LE PÈRE INDIGNE, *rêvant à haute voix.* — Des brebis ?... Des brebis chez moi !...

LE BON PETIT ENFANT — Le monstre rêve tout haut. Oh ! mes pauvres petits moutons ! À la lueur d'un éclair j'aperçois ma petite bergerie, que mon père indigne piétina sans pitié. Seul, un pauvre petit arbre a échappé au massacre. *(Il le ramasse.)* Oh ! serait-ce une indication de la Providence ? Une idée subite vient de traverser mon cerveau d'enfant. Je viens de trouver un moyen pour nous délivrer de la présence de ce père et mari indigne.

Marchons tout doucement et posons le petit arbre de ma bergerie sur le front de mon père endormi. *(Il place le petit arbre debout sur le front de l'ivrogne.)* J'ai lu dans un livre scolaire que la foudre tue les personnes qui s'abritent sous un arbre pendant l'orage. Éloignons-nous. *(Il s'éloigne. Un coup de tonnerre formidable retentit. La foudre tombe sur le petit arbre et foudroie le père indigne.)*

LA PAUVRE MÈRE, *accourant.* — Ciel ! Que se passe-t-il ?

LE BON PETIT ENFANT — Mère, sois heureuse ! Papa est carbonisé !

RIDEAU

Pierre-Henry Cami, dit Cami, *L'Homme à la tête d'épingle*,
© Éditions Flammarion, 1914.

« *Réduisons les heures de travail.* » Affiche syndicale de la CGT : la lutte pour la journée de huit heures de travail, 1908.

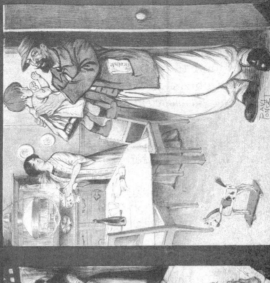

Au fil du texte

Questions sur *L'Enfant de l'ivrogne* (pages 64 à 68)

AVEZ-VOUS BIEN LU ?

1. Quel est le métier de la pauvre mère ?
2. Qu'a-t-elle offert au bon petit enfant ?
3. Quel âge a le bon petit enfant ?
4. Pourquoi voudrait-il être plus âgé ?
5. Où va le père indigne avant de rentrer à la maison ?
6. Que fait-il d'habitude lorsqu'il rentre chez lui ?
7. Comment l'enfant essaie-t-il d'empêcher son père d'entrer dans la pièce où travaille sa mère ?
8. Comment réagit le père lorsqu'il découvre le cadeau ?
9. Quel temps fait-il ce soir-là ?
10. Quelle idée cela inspire-t-il au bon petit enfant ?

ÉTUDIER LES PERSONNAGES

11. Cherchez dans le texte les mots et expressions qui servent à nommer le père. Quel est leur point commun ?
12. Cherchez maintenant les mots qui désignent les actions du père. Classez-les en deux catégories selon qu'ils se rapportent à « l'ivrogne » ou à « la brute ».
13. À quel personnage les expressions suivantes se rapportent-elles ?
« *maigre salaire* » (l. 9), « *modeste jouet* » (l. 10), « *quelques sous* » (l. 9-10), « *travaillé sans repos* » (l. 3-4), « *toute la nuit* » (l. 30), « *gagner notre pain quotidien* » (l. 42).
Quelle image nous faisons-nous de ce personnage ?

Au fil du texte

14. La mère dit : « *résignons-nous* » (l. 27) et
« *subissons* » (l. 27). À quel mode et quel temps
sont ces deux verbes ? Que signifient-ils ?
L'enfant se résigne-t-il et subit-il lui aussi ?

15. Le texte parle des « *petits justiciers* » (l. 24).
Qu'est-ce qu'un justicier ? Qui est le justicier
dans ce texte et pourquoi ? Connaissez-vous
d'autres justiciers ?

16. Comment l'enfant nomme-t-il ses parents quand
il leur parle ? Comment les parents l'appellent-ils ?
Pourquoi les personnages n'ont-ils pas de nom ?

coup de théâtre : événement inattendu qui bouleverse une situation.

invraisemblable : auquel on a du mal à croire.

ÉTUDIER L'ACTION DRAMATIQUE

17. Pourquoi Cami a-t-il donné deux titres
différents à sa petite pièce ?
Que nous apprennent-ils sur l'action ?

18. Combien y a-t-il d'actes ? À quoi
correspondent les changements d'acte ?

19. Quel est le coup de théâtre★ de cette histoire ?
De quels moyens visuels et auditifs s'accompagne-
t-il, selon vous ?

20. Qu'est-ce qui est invraisemblable★ dans ce coup
de théâtre ? En quoi est-il comique ?

À VOUS DE JOUER !

21. Représentez le premier acte entre la ligne 8
et la ligne 20 et le deuxième acte entre la ligne 40
et la ligne 54 en forçant le trait : exagérez le plus
possible les intonations et les gestes, qui doivent
être caricaturaux.

LIRE L'IMAGE

22. Qu'est-ce qui permet d'identifier le père indigne, la pauvre mère et le bon petit enfant sur l'affiche de la page 68 ?

23. En observant les personnages et les décors, dites ce qui oppose les deux images.

À VOS PLUMES !

24. Voici deux titres de pièces de Cami : *La Fille du pauvre acrobate*, *L'Enfant de la haine*. Écrivez un texte portant l'un de ces titres.

25. Construisez une petite pièce à partir de la situation suivante : un professeur sévère mais juste surprend un affreux cancre copiant sur un gentil petit élève. Il le punit sévèrement. L'affreux cancre jure qu'il se vengera de son professeur. Le gentil petit élève promet qu'il ne le laissera pas faire.

Le Petit Chaperon vert

Drame pour les petits

Cami, *né en 1884 et mort en 1958, est d'abord un acteur comique. En 1910, il devient le directeur du Petit Corbillard illustré, journal des pompes funèbres, où il publie des textes et des dessins d'humour noir. À partir de 1912, il écrit pour de nombreux journaux de très courtes pièces de théâtre humoristiques, qu'il nomme « fantaisies » puis « drames camiques ». Ces pièces, qui rencontrent un très grand succès, ne sont pas écrites pour être jouées mais pour être lues.*

Pour écrire ses « drames camiques », Cami s'est inspiré de la vie de son temps, mais aussi d'événements historiques ou bibliques et des livres les plus célèbres (Les Aventures de Sherlock Holmes, Les Trois Mousquetaires…). *Bien entendu, il n'est pas du tout fidèle au texte original, qui lui sert simplement de prétexte à mettre en place des situations souvent absurdes. Dans le texte qui suit, il récrit* Le Petit Chaperon rouge, *célèbre conte de Charles Perrault, à sa manière…*

Premier acte

Coïncidences[1] tragiques.
La scène représente l'intérieur d'une maison.

Le Père du Petit Chaperon vert — Nous habitons la maison où logeait autrefois le célèbre Petit Chaperon rouge, qui fut mangé par le loup.

La Mère du Petit Chaperon vert — Étrange coïncidence : notre ravissante petite fille porte avec tant de grâce un petit chapeau vert qu'on l'appelle partout : le Petit Chaperon vert.

Le Père du Petit Chaperon vert — Coïncidence plus extraordinaire encore : la mère-grand de notre petite fille demeure au village voisin, comme jadis celle du Petit Chaperon rouge, et pour aller chez elle, il faut traverser la forêt prochaine.

La Mère du Petit Chaperon vert — Ne dit-on pas aussi que le fameux[2] loup qui dévora le Petit Chaperon rouge et sa mère-grand rôde toujours dans la forêt ?

Le Père du Petit Chaperon vert — Oui, toutes ces coïncidences sont particulièrement troublantes.

La Mère du Petit Chaperon vert — D'autant plus troublantes qu'aujourd'hui même j'ai fait cuire des galettes et…

Le Père du Petit Chaperon vert, *pâlissant* — Des galettes ! C'est affreux ! Ah ! je devine la suite ! Tu vas envoyer notre fille le Petit Chaperon vert porter à sa mère-grand une galette ?

---

notes

1. coïncidence : se dit lorsque deux événements se ressemblent ou se produisent en même temps, par l'effet du hasard et sans qu'il y ait de lien entre eux.

2. fameux : célèbre.

LA MÈRE DU PETIT CHAPERON VERT — Oui, une galette et un petit pot de beurre.

LE PÈRE DU PETIT CHAPERON VERT — Un petit pot de beurre ! C'est horrible ! Ce sont là d'extraordinaires et tragiques coïncidences ! Mais, chut ! voici le Petit Chaperon vert qui revient de l'école.

LA MÈRE DU PETIT CHAPERON VERT, *au Petit Chaperon vert* — Va voir comment se porte ta mère-grand. Porte-lui cette galette et ce petit pot de beurre.

LE PETIT CHAPERON VERT, *joyeusement* — Tiens, comme le Petit Chaperon rouge !

LA MÈRE DU PETIT CHAPERON VERT, *avec anxiété* — Comme le Petit Chaperon rouge ! Oh ! mon cœur est rempli de sombres pressentiments. Dois-je la laisser partir ?

LE PETIT CHAPERON VERT — Ne craignez rien, chers parents. Le Petit Chaperon vert est plus rusé que le Petit Chaperon rouge. Si par hasard je trouve le loup dans le lit de mère-grand, il ne pourra pas me dévorer. J'ai une idée. *(Elle part.)*

DEUXIÈME ACTE

La ruse du Petit Chaperon vert.
La scène représente l'intérieur de la maison de la mère-grand.

LE LOUP QUI MANGEA JADIS LE PETIT CHAPERON ROUGE, *couché dans le lit* — Dès que j'ai aperçu le Petit Chaperon vert se dirigeant vers la maison de sa mère-grand, j'ai opéré de la même manière qu'autrefois pour le Petit

Chaperon rouge. Je suis arrivé le premier chez la mère-grand. J'ai dévoré rapidement cette vieille dame, j'ai pris sa place dans le lit et j'attends le Petit Chaperon vert, qui ne va pas tarder à heurter à la porte.

LE PETIT CHAPERON VERT, *frappant à la porte* — C'est votre fille le Petit Chaperon vert qui vous apporte une galette et un petit pot de beurre.

LE LOUP QUI MANGEA JADIS LE PETIT CHAPERON ROUGE, *adoucissant sa voix* — Tirez la chevillette et la bobinette cherra. *(Le Petit Chaperon vert entre.)* Mets la galette et le petit pot de beurre sur la huche, et viens te coucher auprès de moi.

LE PETIT CHAPERON VERT, *à part* — Ciel ! c'est le loup ! Je reconnais la même phrase qu'il prononça jadis pour attirer le Petit Chaperon rouge dans son lit. Le misérable est en train de digérer mère-grand, mais grâce à mon idée, il lui sera impossible de me dévorer.

LE LOUP QUI MANGEA JADIS LE PETIT CHAPERON ROUGE — Eh bien, viens-tu te coucher, mon enfant ?

LE PETIT CHAPERON VERT, *se couchant près du loup* — Me voilà. Oh ! mère-grand, que vous avez de grands bras !

LE LOUP QUI MANGEA JADIS LE PETIT CHAPERON ROUGE — C'est pour mieux t'embrasser, mon enfant.

LE PETIT CHAPERON VERT — Mère-grand, que vous avez de grandes jambes !

LE LOUP QUI MANGEA JADIS LE PETIT CHAPERON ROUGE — C'est pour mieux courir, mon enfant.

LE PETIT CHAPERON VERT — Mère-grand, que vous avez de grandes oreilles !

LE LOUP QUI MANGEA JADIS LE PETIT CHAPERON ROUGE — C'est pour mieux écouter, mon enfant.

LE PETIT CHAPERON VERT — Mère-grand, que vous avez de grands yeux !

LE LOUP QUI MANGEA JADIS LE PETIT CHAPERON ROUGE — C'est pour mieux te voir, mon enfant ! *(À part.)* Apprêtons-nous !

LE PETIT CHAPERON VERT — Mère-grand, que vous avez de grands bras !

LE LOUP QUI MANGEA JADIS LE PETIT CHAPERON ROUGE, *interloqué* — Mais tu l'as déjà dit, mon enfant.

LE PETIT CHAPERON VERT, *continuant* — Mère-grand, que vous avez de grandes jambes !

LE LOUP QUI MANGEA JADIS LE PETIT CHAPERON ROUGE — Mais tu répètes toujours la même chose ! Voyons, il y a autre chose à demander, par exemple *(Insinuant.)* : mère-grand, que vous avez de grandes…

LE PETIT CHAPERON VERT — … de grandes oreilles !

LE LOUP QUI MANGEA JADIS LE PETIT CHAPERON ROUGE — Mais non, de grandes… de grandes… *(Très insinuant.)* ça commence par un d.

LE PETIT CHAPERON VERT — … de grandes jambes !

LE LOUP QUI MANGEA JADIS LE PETIT CHAPERON ROUGE, *sautant du lit* — Enfer et damnation !!! Ce Petit Chaperon vert se joue de moi ! Cette rusée petite fille s'obstine à ne pas dire : « Mère-grand, que vous avez de grandes dents ! » Alors, naturellement, je ne peux pas sauter sur elle et lui répondre : « C'est pour te manger ! » *(Avec un soupir de regret.)* Ah ! où sont les enfants naïfs et faciles à dévorer d'autrefois ? *(Il sort, furieux.)*

RIDEAU

Pierre-Henry Cami, dit Cami, *L'Homme à la tête d'épingle*,
© Éditions Pauvert, 1914.

Le Petit Chaperon rouge,
couverture du magazine *Nos Loisirs*.

Au fil du texte

Questions sur *Le Petit Chaperon vert* (pages 73 à 77)

AVEZ-VOUS BIEN LU ?

1. Quels sont les points communs et les différences entre *Le Petit Chaperon rouge* et *Le Petit Chaperon vert* ?

2. Pourquoi les parents du Petit Chaperon vert sont-ils inquiets mais pas leur fille ?

3. Où se trouve le loup quand il apparaît pour la première fois ?

4. Quelle est la question que le Petit Chaperon vert ne pose pas ? Pourquoi ne la pose-t-elle pas ?

COMPARER LE CONTE ET LA PIÈCE DE CAMI

5. Sachant que chaque acte correspond à un lieu différent, combien d'actes faudrait-il pour raconter *Le Petit Chaperon rouge* en entier ?

6. Combien d'actes y a-t-il dans *Le Petit Chaperon vert* ? Où se passent-ils ? Quel est le lieu qui manque ? Qui nous raconte ce qui s'est passé dans ce lieu ?

7. Quelles sont les parties du corps que le Petit Chaperon vert cite quand elle est dans le lit avec le loup ? Dans quel ordre les cite-t-elle ? Expliquez pourquoi elle les cite dans cet ordre.

8. Quelle est la moralité du *Petit Chaperon rouge* ? Et *Le Petit Chaperon vert* ? Pouvez-vous lui trouver une moralité ?

ÉTUDIER LA PONCTUATION

9. « *Des galettes ! C'est affreux ! Ah ! je devine la suite !* » (l. 23-24) Comment s'appelle le signe de ponctuation que l'on trouve ici ? Pourquoi est-il employé ?

10. Cherchez d'autres passages du texte où le même signe de ponctuation apparaît. À chaque fois, indiquez pourquoi l'auteur l'a utilisé.

11. « *Que vous avez de grands bras !* » (l. 72) Comment appelle-t-on ce genre de phrase ? Par quel mot peut-on remplacer « que » ?

ÉTUDIER LE VOCABULAIRE ET LA GRAMMAIRE

12. Relisez la première tirade* du loup dans le deuxième acte (l. 49 à 55). Relevez les verbes conjugués et dites à quels temps ils sont employés. Quel est le temps le plus fréquent dans cette tirade ? Pourquoi ?

13. Récrivez cette tirade en remplaçant « je » par « nous ». Qu'avez-vous modifié ? Quel verbe a subi le plus de changements ? Pourquoi ?

14. Comment est formé le mot « *extraordinaire* » (l. 11) ? Cherchez un autre mot composé avec le même préfixe. À partir du sens du préfixe, donnez une définition d'« *extraordinaire* » et trouvez des synonymes*.

15. Quel est le radical du mot « *embrasser* » (l. 74) ? Quel est son sens ici ?

16. Indiquez le sens du mot « *pressentiment* » (l. 40) et donnez le plus grand nombre possible de termes de la même famille*.

---

tirade : longue réplique.

synonymes : mots de sens voisin.

famille de mots : mots ayant le même radical.

Au fil du texte — Le Petit Chaperon vert

À VOUS DE JOUER !

17. Vous mimerez ce que le loup raconte dans la première réplique du deuxième acte (lignes 49 à 55). Il faudra d'abord avoir déterminé les espaces principaux : la forêt, les chemins, la maison de la mère-grand, le lit. Vous pouvez ajouter des détails.

18. L'exercice est le même mais, cette fois, c'est le loup qui mime l'action. Il la mime tout en récitant la première réplique du deuxième acte (lignes 49 à 55) : il récapitule, en somme.

LIRE L'IMAGE

19. Sur l'image de la page 77, en quoi le loup ressemble-t-il à la mère-grand ? Quels éléments de costume lui a-t-il empruntés ?

20. Pourquoi peut-on dire que son déguisement n'est pas parfait ? Quels détails montrent que le Petit Chaperon doit se méfier ?

À VOS PLUMES !

21. Une petite chèvre qui vient de lire *La Chèvre de Monsieur Seguin* part se promener dans la montagne. Racontez ce qui lui arrive, en imaginant, à la manière de Cami, comment la connaissance du conte lui permet d'échapper à la voracité du loup.

22. Le loup vient de dévorer la mère-grand et de prendre sa place dans le lit. Écrivez son portrait.

Rumeurs

Jean-Michel Ribes, *né en 1946, s'intéresse dès sa jeunesse au théâtre sous tous ses aspects : il fonde une compagnie, il met en scène des pièces d'autres auteurs, il écrit des sketches et des comédies. Aujourd'hui, il dirige le théâtre des Champs-Élysées. Il a également fait du cinéma, de la télévision et de la radio. La courte pièce* Rumeurs, *créée en 1972 au théâtre Pigall's, à Paris, est caractéristique des pièces de café-théâtre, pièces humoristiques qui, situées dans la vie quotidienne, n'ont besoin d'aucun costume et d'aucun décor particulier. Ici, un événement minuscule se voit peu à peu déformé et amplifié par ce que l'on appelle le « téléphone arabe » (sorte de bouche à oreille où chacun ajoute quelque chose à ce qu'on lui a dit).*

Une rue. Un homme n° 1, imperméable et chapeau mou, marche d'un pas alerte[1], il a l'air pressé. Il croise une ménagère, les deux bras chargés de paniers à provisions. Un deuxième homme marche tranquillement dans la rue.

L'Homme n° 1, *pressé* – Pardon Madame, vous avez l'heure s'il vous plaît ?

La Ménagère, *posant ses paniers par terre* – Il est onze heures moins le quart.

L'homme n° 1 la remercie d'un geste de la main et repart d'un pas alerte. La ménagère continue sa route dans le sens opposé, la démarche alourdie par ses paniers.

L'Homme n° 2 *reste pantois[2] devant cette scène et murmure* – Ça alors !

Un homme style bourgeois passe dans la rue.

Le Bourgeois, *reconnaissant l'homme n° 2* – Tiens Bernard ! Tu vas !

L'Homme n° 2, *hagard[3]* – Ça va !

Le Bourgeois – T'as l'air tout chose ! ?

L'Homme n° 2 – Écoute, les gens sont incroyables ! Là, à l'instant, devant moi, un type, grand, fort, accoste une brave femme chargée de ses paniers à provisions et lui fait comme ça… « Vous avez l'heure siouplaît ! », hautain[4], sans même se découvrir.

---

notes

1. alerte : rapide et léger.
2. pantois : bouche bée, ahuri.
3. hagard : comme assommé par ce qu'il vient de voir.
4. hautain : qui se pense supérieur et méprise les autres.

Le Bourgeois – Sans même se découvrir !

L'Homme n° 2 – Attends, c'est pas fini : « Vous avez l'heure siouplaît ! » Alors la dame gentiment lui sourit, pose ses deux paniers par terre, l'un se renverse à moitié, le type ne se baisse même pas pour l'aider, rien : « Onze heures moins le quart », lui répond la dame ! Et le type repart en la bousculant, sans même lui dire merci, il s'en va...

Le Bourgeois – Elle n'a rien dit ?

L'Homme n° 2 – Non, elle a ramassé ses paniers à provisions puis elle est repartie vers sa chaumière, la démarche alourdie, silencieuse dans sa douleur.

Le Bourgeois – C'est insensé.

L'Homme n° 2 – Je suis bouleversé... bon ; à bientôt, bonjour à Max.

Le Bourgeois – Au revoir Bernard.

Une jeune femme passe dans la rue.

Le Bourgeois – Tiens, Françoise.

Françoise – François ! ça c'est drôle.

Le Bourgeois – Dis donc, tu sais ce qui vient d'arriver.

Françoise – Quoi ? Où ?

Le Bourgeois – Ici à l'instant.

Françoise – Non.

Le Bourgeois – Alors, écoute, c'est incroyable : une petite vieille revient de faire son marché pour toute sa famille, toutes ses économies y ont été consacrées, elle marche lentement, courbée...

Françoise – L'œil triste...

Le Bourgeois – Comment le sais-tu ?

Françoise – Je la vois...

Le Bourgeois – Arrive un type serré dans son imperméable noir, il est brun, la peau mate, tu vois ce que je veux dire…

Françoise – Tu penses !

Le Bourgeois – Il la voit, en un bond il est sur elle, il la colle contre le mur et lui dit : « Vous avez l'heure ! »

Françoise – S'il vous plaît ?

Le Bourgeois – Comment ?

Françoise – Vous avez l'heure, s'il vous plaît ?

Le Bourgeois – Même pas : vous avez l'heure ! Glacial. Alors la femme terrorisée pose ses deux paniers par terre, l'un d'eux se renverse, le type a un rire…

Françoise – … Cynique[1]…

Le Bourgeois – Exact ! Elle regarde sa montre. « Onze heures moins le quart », dit-elle en relevant la tête, le type avait déjà pris tout ce qu'il y avait dans son panier ! Elle essaie un geste, mais il lui donne un coup d'épaule et part en courant. La pauvre vieille titube puis s'étale de tout son long, se démettant une côte… elle arrive à peine à se relever, regarde son panier vide…

Françoise – … Deux larmes coulent de ses yeux…

Le Bourgeois – … Bleus, et elle repart nourrir sa maisonnée avec ce qu'il lui reste dans un panier, en serrant les dents, sans gémir.

Françoise – Le salaud !

---

note

1. cynique : qui exprime sans gêne des idées ou des sentiments choquants.

Le Bourgeois, *les larmes aux yeux* – Adieu Françoise.

Françoise, les larmes aux yeux, l'embrasse. Le bourgeois s'en va. Arrive un homme : M. Bacon, style sportif.

Bacon – Mais c'est la petite Françoise…

Françoise – … Tout s'en va, tout fout le camp…

Bacon – Où ?

Françoise – La vie, l'amour, la mort…

Bacon – Tu as reçu un choc ?

Françoise – Oui… tout pourrit…

Bacon – Un seul ?

Françoise – Oui.

Bacon – Où ?

Françoise, *montrant son ventre* – Là.

Bacon, *montrant sa tête* – Pas là… ? *(Elle fait un signe négatif.)* Tiens ! Comment c'est arrivé.

Françoise – Bêtement. Une brave femme, la soixantaine, passait là… comme ça, elle passait… là comme ça, elle passait… là comme ça… moi…

Bacon – Tu passais aussi là, comme ça…

Françoise – C'est ça… elle traînait à bout de bras deux misérables cabas, cinquante kilos de pommes de terre, ou quelque chose comme ça… Parfois une tombait, alors elle s'arrêtait et ne la ramassait pas, tant ses forces étaient usées par les ans, le vent glacial lui giflait le visage et ses haillons usés par les ans ne protégeaient pas sa peau ridée, dans ses grands yeux noirs que des cernes accusaient…

Bacon – Par les ans ?

Françoise – … Brillait la petite lueur de vie indispensable pour traîner cinquante kilos de pommes de terre... *(Elle saisit le bras de Bacon.)* Tout à coup, une grosse limousine noire freine : Crrrric ! Un homme en descend, couvert de chevalières en croco et de chaussures en or... le teint basané...

BACON – Je vois.

FRANÇOISE – ... Cravate framboise, il croise la villageoise. *(Un temps.)* Et la toise, tu suis...

BACON – Oui Françoise.

FRANÇOISE – ... Après avoir allumé un havane, méprisant, il lui souffle la fumée dans la figure : « Merci », lui dit la femme, ça la réchauffait... « T'as pas l'heure, mémère ! », lui crache-t-il à la face... « Si Monsieur », répond la dame et sort de son cabas une petite montre gousset qu'elle cachait dans les pommes de terre... « Il est onze heures moins le quart. » Le type éclate de rire, lui arrache ses deux cabas, les jette dans sa limousine, balance un coup de talon dans la tête de la vieille qui gicle sur le trottoir et repart dans sa grosse limousine, brrrrrmmmmm...

BACON – Dis donc ! Dis donc ! Dis donc !

FRANÇOISE – Y'avait du sang partout... la vieille femme soubresauta quelques instants, essayant d'attraper le dernier tubercule qui roulait sur la chaussée, puis se tut.

BACON – Et toi... qu'est-ce que t'as fait ?

FRANÇOISE – Moi... J'ai eu un choc... et j'ai vomi... une ambulance est arrivée, l'a emmenée et puis après je ne sais plus ce qui est arrivé...

BACON – Bah dis donc... dis donc... dis donc... viens, je vais te raccompagner.

FRANÇOISE – Non, laisse... Je préfère marcher quelque peu pour que le froid me redonne la force de vivre...

Bacon – Tchao Françoise… *(Il met les mains dans ses poches, relève son col, fait quelques pas, à ce moment, la ménagère du début passe avec ses paniers.)* Dis donc ! Dis donc ! Dis donc !

La Ménagère – Tiens, Monsieur Bacon.

Bacon – Madame Tronche, bonjour ! Dis donc ! Ma pauvre Madame Tronche.

La Ménagère – Que se passe-t-il ?

Bacon – Terrifiant.

La Ménagère – Expliquez-vous que diable… je suis fort étonnée de vous voir en cet état-là.

Bacon – Un meurtre, Madame Tronche, un meurtre.

La Ménagère – Dieu, que me chantez-vous là ?

Bacon – Je ne vous chante rien Madame Tronche, je vous dis simplement la terrifiante vérité !

La Ménagère – Parlez ami, parlez !

Bacon – Une vieille, vieille, vieille négresse, tirant deux cents kilos de pommes de terre…

La Ménagère – Mais encore…

Bacon – C'est déjà pas mal…

La Ménagère – Mais après ! si vous voulez…

Bacon – Eh bien, la vieille négresse en haillons tirait ses deux cents kilos de patates pour nourrir sa nichée dans sa case.

La Ménagère – Affamée… sa nichée !

Bacon – Vu son âge, j'allais lui proposer de l'aider quand une énorme voiture noire…

La Ménagère – Noire !

Bacon – … Noire !… me coupa la route, freina, crrrrriiiicc. *(Deux fois plus prolongé que le crrriccc de Françoise.)* Un homme en descendit, style euh, euh brun, en descendit, un pardessus, un feutre, il s'approcha de la vieille qui revenait du marché, il se plante devant elle... *(La ménagère grimace, prise par le suspens.)* Il la regarde avec son côté... ananana *(onomatopée arabe)*... et lui dit...

170 La Ménagère, *de plus en plus convulsée par le suspens* – Et lui dit...

Bacon – Et lui dit, à cette pauvre vieille *(avec l'accent arabe)* : Pardon-Madame-vous-auriez-pas-l'heure !

La Ménagère – Non !

175 Bacon – Si ! La vieille se baisse pour chercher sa montre et paf !

La Ménagère – Aïe !

Bacon – Il la surine avec son schlass !

La Ménagère. – Il la... avec son... ssss !

180 Bacon – Il vole ses sacs et s'enfourne dans sa voiture qui démarre à double tour... vroummm, vroummmmmmm !

La Ménagère, *tremblante* – Et puis...

Bacon, *mélancolique et monotone* – Et puis, et puis, et puis la suite... cris de curieux, badauds qui s'évanouissent, sirène,
185 ambulance, infirmiers, brancard, on me bouscule, la pluie qui se met à tomber, les parapluies s'ouvrent, les impers se ferment, mes mocassins trempés, j'ai les pieds gelés. Enfin, la suite, quoi...

La Ménagère, *regardant par terre, frémissant* – Y'a encore
190 du sang.

Bacon, *rêveur, répète mécaniquement les phrases* – « ... Pardon-Madame-vous-auriez-pas-l'heure... » *(Il hoche la tête.)* C'est trop con !... Allez, au revoir Madame Tronche... et puis la vie continue... c'est comme ça...

LA MÉNAGÈRE, *ramassant ses deux paniers* — Au revoir Monsieur Bacon.

Elle fait quelques pas, un homme vient en sens inverse, il a le pas pressé, il s'arrête devant elle.

L'HOMME — Pardon Madame, vous n'auriez pas l'heure ?

La ménagère plonge sa main dans son sac, en sort un revolver et tire sur l'homme qui s'écroule et meurt dans un long râle ; une fois qu'il ne bouge plus, la ménagère lui lance…

LA MÉNAGÈRE — Métèque !

Elle repart la tête haute, tenant fièrement ses paniers à provisions.

Jean-Michel Ribes, *Pièces détachées*, coll. « Papiers »,
© Éditions Actes Sud, 1986.

Le Petit Journal

SUPPLÉMENT ILLUSTRÉ

DIMANCHE 11 JUILLET 1909

La « une » du *Petit Journal*,
dimanche 11 juillet 1909.

UN DRAME AU JARDIN DU LUXEMBOURG
Un fou tire des coups de revolver sur une fillette

Au fil du texte

Questions sur *Rumeurs* (pages 82 à 90)

AVEZ-VOUS BIEN LU ?

1. Que s'est-il vraiment passé au début de la pièce ?
2. Comment réagit la ménagère à la fin ?

ÉTUDIER LES PERSONNAGES

3. Combien y a-t-il de personnages dans cette pièce ?
4. Combien apparaissent simultanément sur la scène ? Pourquoi pas plus ?
5. Quel personnage apparaît deux fois ? Pourquoi, d'après vous ?

ÉTUDIER LA PROGRESSION DRAMATIQUE

6. Relevez les différents portraits qui sont faits de l'homme qui a demandé l'heure. Quels sont les changements d'un portrait à l'autre ?
7. Pourquoi la ménagère ne peut-elle pas se reconnaître dans l'histoire que lui raconte Bacon, à la fin de la pièce ?
8. Pour quelle raison tire-t-elle sur l'homme, à la fin ?
9. D'après vous, pourquoi les différents personnages modifient-ils l'histoire qu'on leur a racontée ?

ÉTUDIER LE VOCABULAIRE

10. Cherchez les deux sens du mot « *rumeur* ». Quel rapport voyez-vous entre ces deux sens ? Donnez un exemple de rumeur.

Au fil du texte

11. Relisez le passage où Françoise raconte l'histoire à son tour (l. 93 à 128). Quels sentiments vous inspirent la femme et l'homme ? Relevez les mots et les expressions qui vous ont permis de répondre.

ÉTUDIER LA GRAMMAIRE

12. Dans la réplique* de l'homme n° 2 qui commence par « *Écoute, les gens sont incroyables !* » (l. 19 à 22), relevez tous les adjectifs qualificatifs et donnez leur fonction.

13. Dans la même réplique, essayez de supprimer tous les adjectifs qualificatifs. Lequel ne peut-on pas enlever. Pourquoi ?

14. Qu'est-ce que le fait d'avoir enlevé les adjectifs a changé à l'histoire ?

15. Récrivez la première didascalie* du texte en ajoutant des adjectifs de façon à rendre l'homme sympathique et la ménagère antipathique.

réplique : au théâtre, phrase courte prononcée par un personnage dans un dialogue.

didascalie : indication de mise en scène, généralement composée en italique (caractères inclinés vers la droite).

À VOUS DE JOUER !

16. Écrivez un texte court mais plein de détails racontant un fait divers. Racontez votre petite histoire à un autre élève, sans que personne d'autre que lui ne l'entende. À son tour, il la redira à un autre, en essayant de ne rien changer à l'histoire. Cet autre élève la racontera à son tour, et ainsi de suite. On comparera finalement le texte initial et ce que le dernier élève aura retenu de l'histoire.

LIRE L'IMAGE

17. Pourquoi *Le Petit Journal*, page 90, propose-t-il un dessin plutôt qu'une photographie ? Quels sont les avantages du dessin sur la photographie ? Quels sont les avantages de la photographie ?

18. Quelle est la légende de cette image ? Que signifie le mot « *drame* » ici ?

19. Qu'est-ce qui nous permet d'identifier le coupable et les victimes ? Comment réagissent les personnes qui assistent à ce drame ?

À VOS PLUMES !

20. Une femme traverse la rue avec son petit garçon qu'elle emmène à l'école. Une voiture s'arrête et les laisse passer. Racontez cette histoire banale de façon à la rendre, au choix, drôle, triste, effrayante...

21. Un élève de la classe écrit un fait divers, sans aucun détail, cette fois. Un autre élève y ajoute quelques adjectifs ou quelques détails, de façon à rendre le texte plus dramatique. Un autre élève intervient, puis un autre, et ainsi de suite...

Dialogue puéril

Roland Dubillard, *né en 1923, est d'abord comédien, puis, à partir de 1953, auteur dramatique. Les* Diablogues, *écrits en 1975, sont des sketches à deux, qu'il jouait avec l'acteur Claude Piéplu. Les personnages ne portent pas de nom, il n'y a pas de décor, seulement une bougie, un bocal, un instrument de musique. En fait, chaque* Diablogue *explore par la parole et le jeu de langage une situation qui débouche sur l'absurde et le comique.*
Ici, Claude Piéplu et lui (chacun âgé de plus de cinquante ans à l'époque, vêtus de costumes et cravatés…) jouent la dispute de deux enfants qui surenchérissent dans la menace, par défi comme par pur jeu.

Un – Non.
Deux – Si.
Un – Non.
Deux – Si. D'abord, moi j'ai cinq ans.
Un – Non.
Deux – Si.
Un – Moi, j'ai cinq ans.

Dialogue puéril

DEUX – Et même j'ai cinq ans et demi.

UN – Moi aussi, j'ai cinq ans et demi.

DEUX – Laisse ça tranquille.

UN – Non.

DEUX – Si.

UN – Non.

DEUX – Si.

UN – Si.

Un temps. Deux chantonne.

UN – Tu sais ce que je vais te faire ?

Deux continue à chantonner.

Tu sais pas ?

DEUX – Non.

UN – Je vais te donner un grand coup de pied dans le derrière.

DEUX – Non.

UN – Si.

DEUX – Si tu me donnes un grand coup de pied dans le derrière, moi, tu sais pas ?

UN – Non.

DEUX – Tu sais pas hein ?

UN – Non.

DEUX – Si tu me donnes un grand coup de pied dans le derrière, moi, je te donnerai un grand coup de pied dans le derrière.

UN – Dans le derrière ?

DEUX – Oui, dans le derrière.

Ils se marrent.

Théâtre pour rire 6ᵉ-5ᵉ

Un – Dans le derrière.

Deux – Un grand coup de pied.

Un – Ben alors, moi, tu sais pas ?

Deux – Non.

Un – Ton zizi, hein ?

Deux – Oui.

Un – Eh bien je te le couperai avec ma hache.

Deux – Oh !

Ils se marrent.

        Oh, non.

Un – Si.

Deux – Oh non… Oh non, oh non.

Un – Si.

Deux – Non.

Un – Puis je te le mettrai dans le moulin à légumes.

Deux – Dans le moulin à légumes ?

Un – Oui. Ça fera du hachis de zizi.

Deux – Mais moi je le mangerai pas le hachis.

Un – Je prendrai le spirateur[1], puis je le mettrai sur ton nez, puis couic ! Je mettrai le courant.

Deux – Non. D'abord mon nez il sera parti en voyage.

Un – Oh, non !

Deux – Si. Parce que mon nez, ce sera un Indien.

Un – Ce sera un Indien ton nez ?

Deux – Oui. Il sera toujours en Amérique du Sud.

---
note

1. *spirateur* : aspirateur.

Dialogue puéril

Un – Ce sera un nez tout rouge comme les Indiens ?

Deux – Oui.

Un – Sera pas beau, ton nez, alors.

Deux – Si. Ce sera un clown.

Un – Oh ! Un nez clown ?

Deux – Oui. Alors je te ferai peur avec mon nez : pan ! pan ! Ce sera un canon.

Un – Ah mais, ah mais, ah mais…

Deux – Mais non-on-on ! Puisque je te dis !

Un – Ah mais veux-tu me laisser mon crocodile, mon crocodile !

Deux – Non, c'est pas ton crocodile, puisque je te dis que c'est le toit de mon garage !

Un – Beuh ! Méchant !

Deux – Méchant.

Un – Méchant, toi.

Deux – Non, toi.

Un – Je le dirai à mon papa, sale gosse.

Deux – C'est toi, un sale gosse.

Un – Si ! Et mon papa, il te mettra en prison.

Deux – Sale gosse ! Insupportable !

Un – Non ! non ! non !

Deux – Tais-toi, tu me casses les oreilles.

Un – En prison, il te mettra, mon papa. Parce que mon papa, il est très riche.

Deux – Mon papa, il est plus riche que ton papa.

Un – Non. Il a cent francs, mon papa.

Deux – Cent francs ?

Un — Oui, cent francs, et cent francs cinquante, même.

Deux — Eh bien mon papa, il en a plein, des francs. Il en a quarante.

Un — Non.

Deux — Si. Quarante francs quatorze et un million.

Un — Oui, mais mon papa, lui, c'est encore plus, il est chef.

Deux — Tu dis des bêtises.

Un — Non. Mon papa, il est encore plus que chef, il est même Napoléon[1], même.

Deux — Dans un cirque ?

Un — Oui.

Deux — Eh bien moi, mon papa, c'est un clown.

Un — Non.

Deux — Si. C'est un Napoléon qui s'appelle clown. Et tu sais dans quoi il habite mon papa ?

Un — Dans le pipi.

Deux — Non, il habite pas dans le pipi, mon papa. Il habite dans le papa, mon pipi !

Ils se marrent.

Un — Ah pis, laisse-moi mon crocodile ! Tiens, le voilà mon papa. *(Il lui met son poing dans la gueule.)*

Deux — Maman !

Bagarre. Ils beuglent[2].

Roland Dubillard, *Les Diablogues et autres inventions à deux voix*,
© Éditions Gallimard, 1976.

notes

1. Napoléon : Napoléon Bonaparte (1769-1821), empereur de 1804 à 1815, symbole de pouvoir et de puissance.

2. beuglent : hurlent ; le beuglement est le cri de la vache ou du jeune taureau.

Dialogue puéril

Les Diablogues, mise en scène de Jean Chouquet,
avec Roland Dubillard et Claude Piéplu, théâtre de la Michodière, 1975.

Au fil du texte

Questions sur *Dialogue puéril* (pages 94 à 99)

AVEZ-VOUS BIEN LU ?

1. Quel est l'âge des personnages ?
2. Comment s'appellent-ils ?
3. De quoi « Un » menace-t-il « Deux » ?
4. Quelle est la réponse de « Deux » ?
5. Quels instruments ménagers sont cités dans ce dialogue ?
6. Qui arrive à la fin ?

étymologie : origine d'un mot.

ÉTUDIER LE VOCABULAIRE ET LA GRAMMAIRE

7. Cherchez le sens de l'adjectif « *puéril* ». Quelle est son étymologie* ?

8. Cet adjectif est-il bien choisi pour le titre de ce dialogue ? Proposez un nouveau titre avec un synonyme de cet adjectif.

9. Comment est construit le mot « *spirateur* » (l. 54). Pourquoi, à votre avis ? Construisez un autre mot de la même manière.

10. Relevez deux expressions au futur proche, puis plusieurs exemples de verbes employés au futur dans le dialogue.

11. De la ligne 56 (« *D'abord mon nez il sera parti en voyage* ») à la ligne 69 (« *Puisque je te le dis !* »), relevez les verbes au futur, puis récrivez le texte en les remplaçant par des verbes au conditionnel.

12. Que signifie votre dialogue ? Que peut-on en conclure sur la valeur du futur dans ce passage ?

Dialogue puéril

ÉTUDIER L'ÉCRITURE : LE LANGAGE ENFANTIN

13. Quels mots permettent de dire que l'auteur fait parler deux enfants ?

14. De la ligne 85 (« *mon papa, il est très riche* ») à la ligne 93 (« *et un million* »), analysez les chiffres. Pourquoi peut-on affirmer que les expressions employées montrent que ce sont des enfants qui parlent ?

15. Relevez d'autres tournures de phrase qui appartiennent à la manière de parler des enfants.

ÉTUDIER LA PROGRESSION DRAMATIQUE

16. Relevez deux exemples de répétition. À quoi servent ces répétitions dans le sketch ?

17. Complétez ce tableau.

Thèmes du dialogue	Lignes
L'âge des protagonistes	
Un coup de pied au derrière	
Le zizi	
Le nez	
Le crocodile	
Les papas	

18. Indiquez, en face de chaque procédé de changement de thème, le passage correspondant en notant les numéros de lignes.
a) un jeu de questions/réponses : ....
b) l'association d'idées : ....
c) le rebond sur un mot : ....
d) un élément de mise en scène : ....
e) le conflit et la menace : ....

Au fil du texte — Dialogue puéril

À VOUS DE JOUER !

19. Jouez le début de la pièce (de la ligne 1 jusqu'à la première didascalie*, l. 16) en respectant bien les consignes suivantes.

a) « Un » est très en colère ; « Deux » est très calme, puis l'inverse.

b) Le ton monte progressivement entre les deux personnages, puis l'inverse.

c) « Un » est interrogatif ; « Deux » est affirmatif.

didascalie : **indication de mise en scène, généralement composée en italique (caractères inclinés vers la droite).**

LIRE L'IMAGE

20. À quel moment précis du *Dialogue puéril* rattacheriez-vous l'image du haut de la page 99 ? Et l'image du bas de la page ? Justifiez votre réponse en comparant l'expression du visage des acteurs, les propos du passage et les didascalies.

21. Montrez que le choix du costume, de l'âge, de l'attitude des deux acteurs, sur ces images, permet de dire qu'il s'agit d'une mise en scène relevant du genre café-théâtre, ou sketch, et non du théâtre.

À VOS PLUMES !

22. Deux enfants imaginent un jeu dans lequel ils seraient un Indien et un cow-boy. Rédigez leur dialogue en employant comme temps verbal le futur.

Vous pouvez vous inspirer des lignes 56 à 67 du *Dialogue puéril*.

Retour sur l'œuvre

Répondez aux questions suivantes en cochant
la (ou les) bonne(s) réponse(s).

**1. Dans la *Farce nouvelle du pâté et de la tarte*,
les coquins décident :**
☐ de chercher ensemble quelque chose à voler.
☐ de tout partager.
☐ de garder chacun ce qu'ils auront gagné.
☐ que celui qui aura le mieux volé gardera pour lui
l'ensemble du butin.

2. Dans *Le Pot de confitures*, Guignol a un gros défaut :
☐ il est trop gourmand.   ☐ il est trop paresseux.
☐ il est trop grossier.   ☐ il est trop bagarreur.

3. Dans *Le Voyage à Trois-Étoiles*, le voyageur a perdu :
☐ sa valise.
☐ son adresse.
☐ la petite aiguille de sa montre.
☐ son porte-monnaie.

**4. Dans *Rumeurs*, la ménagère tue un homme
parce que celui-ci :**
☐ lui a fait remarquer que ses lacets étaient défaits.
☐ a toussé un peu trop fort en passant à côté d'elle.
☐ lui a demandé l'heure.
☐ lui a demandé son chemin.

**5. Quelle est, parmi les huit pièces que vous avez
lues, la seule qui comporte un personnage unique ?**

**6. Deux des pièces se terminent par la mort
d'un personnage. Lesquelles ? Ces fins tragiques
ont-elles un sens ? Lequel ?**

Retour sur l'œuvre

7. Deux autres pièces utilisent les coups comme ressort comique. Lesquelles ? Ces coups sont-ils justifiés ?

8. Sur les huit pièces présentées ici, quatre ont pour personnages principaux des enfants. À quelles pièces associez-vous les types enfantins suivants ?
- ☐ L'enfant héroïque.
- ☐ L'enfant pas très malin.
- ☐ L'enfant très ingénieux.
- ☐ L'enfant caca boudin.

9. Complétez le tableau suivant en précisant en quoi consistent les coups de théâtre, les tromperies ou les stratagèmes inventés. Attention, toutes les cases ne sont pas à compléter et deux des pièces ne comportent ni coup de théâtre, ni tromperie, ni stratagème.

	Coup de théâtre	Tromperie	Stratagème
Farce nouvelle du pâté et de la tarte			
Le Pot de confitures			
Le Voyage à Trois-Étoiles			
Le Petit Malade			
L'Enfant de l'ivrogne			
Le Petit Chaperon vert			
Rumeurs			
Dialogue puéril			

Schémas dramatiques

Les courtes pièces de cet ouvrage peuvent être classées selon trois types de schémas dramatiques.

LE STRATAGÈME OU LA TROMPERIE

L'action dramatique est organisée autour de la tromperie d'un personnage par l'autre. Ce schéma se rapproche de celui d'une comédie classique. Il suppose l'existence de nombreux effets théâtraux : le fait de donner plus d'informations aux spectateurs qu'aux personnages, l'utilisation d'apartés, d'un découpage en scènes, de personnages plus nombreux.
Deux pièces répondent à ce schéma : *Farce nouvelle du pâté et de la tarte* et *Le Pot de confitures*.

Début de la pièce : il faut créer un problème.	Un nouvel élément surgit.	Un premier stratagème est imaginé.	Ce premier stratagème est mis en œuvre.	Le problème est résolu.	Un nouveau cycle de ruses peut commencer.
Farce nouvelle du pâté et de la tarte					
Les deux mendiants ont faim (scène 1). Ils partent mendier (scène 2).	L'un d'eux surprend le code secret pour voler le pâté (scène 3).	L'autre mendiant va voler le pâté (scènes 4 et 5).	Le mendiant obtient le pâté de la pâtissière (scènes 6 et 7).	Les deux mendiants mangent le pâté (scène 8).	L'action reprend : les mendiants décident d'aller voler la tarte…
Guignol : Le Pot de confitures					
Octave ne peut contenter à la fois son père, en renvoyant Guignol, et sa fiancée, en protégeant Guignol (scène I).	Octave rencontre Guignol, puis Mlle Émilie, qui menace de le quitter s'il chasse Guignol (scènes 2 et 3).	Octave propose à Émilie un marché pour surprendre Guignol en flagrant délit de vol (scènes 4 et 5).	Guignol mange la confiture et Octave lui fait croire qu'elle est empoisonnée. Guignol se dénonce lui-même (scènes 6 et 7).	Émilie épouse Octave et Cassandre leur donne Guignol comme domestique (scènes 8, 9, 10 et 11).	

Schémas dramatiques

LE COUP DE THÉÂTRE OU LE COMIQUE DE LA RUPTURE

L'action dramatique débouche sur un résultat inverse de celui attendu, provoqué par un événement qui bouleverse la situation préexistante. Ce schéma est beaucoup plus simple que le précédent dans la mesure où il ne comporte qu'un seul renversement de situation. Il nécessite peu de moyens et d'effets théâtraux.
Ce schéma est très souvent présent dans le mélodrame (Cami) ou dans le théâtre de boulevard (Courteline). Trois pièces répondent à ce schéma : *Le Petit Malade* de Georges Courteline, *L'Enfant de l'ivrogne* et *Le Petit Chaperon vert* de Cami.

Situation initiale	Développement	Coup de théâtre
Le Petit Malade		
Un enfant est malade, un médecin vient lui rendre visite.	Le médecin interroge le petit malade, qui est paralysé.	On découvre que le petit malade a mis ses deux jambes dans la même jambe de pantalon.
L'Enfant de l'ivrogne		
Le bon petit enfant reçoit un jouet offert par sa pauvre mère.	Le père indigne rentre ivre comme d'habitude et il est violent avec la mère et l'enfant.	Le bon petit enfant se débarrasse de son père : il attire la foudre sur lui à l'aide du jouet.
Le Petit Chaperon vert		
Le Petit Chaperon vert est chez ses parents et se prépare à aller chez sa mère-grand.	Le Petit Chaperon vert est avec le loup qui se prépare à la manger.	Le Petit Chaperon vert ne prononce pas l'exclamation fatidique (« Comme vous avez de grandes dents ! ») : le loup ne peut donc pas la manger.

Schémas dramatiques

L'EFFET BOULE-DE-NEIGE OU LE COMIQUE DE L'EXAGÉRATION

Le comique repose sur la dramatisation d'une situation anodine : sans cesse répétée, déformée et exagérée, elle devient comique et caricaturale. Dans ce cas, tout se passe comme si l'action s'engendrait elle-même, par le simple entraînement des paroles prononcées par les personnages. Ce type de schéma se rapproche de celui du sketch ou du café-théâtre par sa simplicité et le peu de moyens théâtraux auxquels il fait appel.

Trois pièces répondent à ce schéma : *Le Voyage à Trois-Étoiles* de Charles Cros, *Rumeurs* de Jean-Michel Ribes et *Dialogue puéril* de Roland Dubillard.

Situation initiale	Première surenchère	Deuxième surenchère	Troisième surenchère	Etc.	Fin
Le Voyage à Trois-Étoiles					
Un voyageur se présente, il descend du train.	Il a perdu sa valise…	Il a oublié le nom de la station où il a oublié sa valise…	Il a oublié le nom de son hôtel…	Il a oublié son adresse…	Il s'en va.
Rumeurs					
L'homme n° 1 demande l'heure à une ménagère.	L'homme n° 2 raconte au bourgeois que l'homme n° 1 a été grossier.	Le bourgeois raconte à Françoise que la ménagère a été agressée et dévalisée.	Françoise raconte à Bacon que la ménagère a été assassinée par un homme au teint basané.	Bacon croise la ménagère et lui raconte l'histoire déformée par les différents récits.	Cette même ménagère tue avec un revolver un homme qui lui demande l'heure.
Dialogue puéril					
Deux enfants parlent et se contredisent.	Un menace Deux de lui donner un coup de pied dans le derrière.	Deux menace Un de lui couper le zizi.	Un menace Deux de lui aspirer le nez avec le « spirateur ».	Un menace Deux de le faire mettre en prison par son père.	Le papa de Un arrive et Un donne un coup de poing à Deux.

Schémas dramatiques

LES MÉLANGES

Si les pièces présentées dans cet ouvrage peuvent être réparties selon ces trois schémas, elles les combinent aussi parfois. Par exemple, dans *L'Enfant de l'ivrogne* de Cami, le coup de théâtre final, à savoir le père foudroyé par un éclair, donne sa structure d'ensemble au « drame camique » ; pour autant, on voit bien que l'intrigue se développe avec la mise en œuvre du stratagème pour venger la mère du petit garçon.

Il en va de même pour *Rumeurs* de Jean-Michel Ribes. Si l'intrigue de la pièce repose sur un effet boule-de-neige – une anecdote insignifiante s'enfle au fur et à mesure que les différents personnages qui se croisent la rapportent –, la réplique finale sonne comme un coup de théâtre et donne son sens à l'ensemble : il s'agit de dénoncer le racisme ordinaire.

Caricature d'Honoré Daumier (1808-1879).

Repères pour une histoire du théâtre comique

LA FIXATION DES GENRES DANS L'ANTIQUITÉ

À retenir

Comédie : pièce destinée à faire rire, qui met en scène des personnages ordinaires parlant le langage de tous les jours. L'histoire se termine généralement bien.

Tragédie : pièce sérieuse, qui met en scène des personnages extraordinaires (rois, dieux, héros nobles) s'exprimant dans un registre soutenu. L'histoire se termine généralement par la mort d'un des personnages.

Dans sa *Poétique*, le philosophe Aristote (384-322 av. J.-C.) définit et fixe les genres de la comédie et de la tragédie, autrement dit le théâtre « sérieux » et le théâtre « comique ».
Selon lui, la comédie est destinée à faire rire en représentant des personnages ordinaires, dans des situations courantes et cocasses. La comédie est un univers de grossièreté, de vulgarité et de simplicité, c'est un genre bas où l'on s'exprime dans le langage de tous les jours, sans craindre l'expression la plus crue des manifestations corporelles (pets, rots, bruits divers).
À l'inverse, la tragédie est destinée à émouvoir et à élever l'esprit par le spectacle des aventures exceptionnelles des héros et des grands de ce monde (rois, reines…). Elle est écrite dans un langage châtié, ne faisant aucune place à la grossièreté ou à l'expression de sentiments bas ; les manifestations corporelles sont presque effacées. Même si la bravoure et le courage guerrier sont des valeurs essentielles à la tragédie, aucun sang ne doit être versé sur scène et les combats ont lieu pendant les entractes.
Cette distinction des genres perdure en fait jusqu'à nos jours, même si le genre comique s'est beaucoup diversifié depuis son origine grecque et latine.

Repères pour une histoire du théâtre comique

La comédie grecque : d'Aristophane à Ménandre

La comédie est née en Grèce au Ve siècle avant notre ère, selon les uns à Athènes, selon d'autres à Syracuse ou encore à Corinthe. Jouée en plein air, devant un public populaire, par des acteurs professionnels qui portent des costumes grotesques et des masques de cuir, elle est d'abord un spectacle visuel, fondé sur la gestuelle et l'expression corporelle : on se bouscule, on se donne des coups et on échange des bons mots. De ces premières comédies, seules sont parvenues jusqu'à nous onze pièces d'Aristophane (vers 445-vers 380 av. J.-C.). Elles mettent en scène des types comiques (esclaves, vieillards, campagnards, dieux, héros…) et se moquent des travers de la vie politique et sociale athénienne : dans *Les Guêpes*, Aristophane se moque des juges irresponsables ; dans *Les Cavaliers*, il s'attaque aux responsables politiques d'Athènes. Ménandre (vers 342-vers 292 av. J.-C.) met en scène des bourgeois athéniens dans des actions plus réalistes, construites en cinq actes, avec une vraie intrigue et une réelle progression dramatique.

La comédie latine, dont les auteurs les plus connus sont Plaute (vers 254-184 av. J.-C.) et Térence (vers 190-159 av. J.-C.), s'inspire directement de ce modèle de la nouvelle comédie grecque en insistant sur le dialogue et la satire, qui se moque des mœurs contemporaines en adoptant une attitude moralisante que résume la formule « elle châtie les mœurs en riant » : la comédie a donc pour rôle de corriger les défauts de la société ; pour cela, son arme est le rire. Térence a servi de modèle à Molière qui lui a notamment emprunté le sujet de *L'Avare*.

À retenir

Satire : comédie qui critique les défauts de la société en s'en moquant. Les premiers auteurs sont les latins Plaute et Térence. Molière s'est inspiré de la pièce *L'Aulularia* de Térence pour écrire *L'Avare*.

Aristophane : poète grec du Ve siècle avant Jésus-Christ, auteur des premières comédies.

Repères pour une histoire du théâtre comique

LE COMIQUE AU MOYEN ÂGE : SOTIES ET FARCES

Le théâtre comique du Moyen Âge se constitue en opposition au théâtre religieux et propose des sujets profanes (non religieux) pour faire rire. Il se compose de trois principaux genres : le monologue, ou sermon joyeux (qui parodie de manière grotesque différents types de discours sérieux), la sotie et la farce.

La sotie est une satire, c'est-à-dire qu'elle représente un aspect de la société, dont elle se moque et qu'elle caricature, tandis que la farce est une « tranche de vie », un épisode quotidien pris sur le vif et présenté de manière drôle.

Genre simple, destiné à être représenté sur les foires, en plein air, et visant un public populaire, la farce met en scène peu de personnages (rarement plus de quatre). L'anecdote est simple : elle est soit la mise en scène d'un bon tour (d'où le nom de farce), soit celle d'une dispute conjugale ou d'un proverbe (*Farce des femmes qui font accroire à leurs maris de vessies que ce sont lanternes*).

L'action progresse par redoublement ou renversement de situation, comme dans la *Farce du pâté et de la tarte*, dans laquelle le bon tour se retourne contre l'un des pauvres diables qui reçoit aussi des coups de bâton, comme son compagnon.

Le comique de farce est grossier : il fait usage de jurons, de scatologie (propos portant sur les excréments), de manifestations corporelles bruyantes, et il est fondé sur une gestuelle et des mouvements (coups de bâtons, bousculades…).

À retenir

Farce : pièce comique, inventée au Moyen Âge. On y représente une tranche de vie populaire. Le langage y est familier, les situations prosaïques et les gestes sont aussi importants que le texte.

Sotie : farce satirique aux XIVe et XVe siècles.

Repères pour une histoire du théâtre comique

La commedia dell'arte et le théâtre italien

Le comique de farce, qui perdure jusqu'au milieu du XVIe siècle en France, va peu à peu céder la place au comique italien de la *commedia dell'arte* qui apparaît en France en 1571 avec la troupe des Gelosi, venue divertir le roi et sa cour, rapidement suivie par d'autres troupes italiennes, une troupe de comédiens italiens s'installant définitivement à Paris, au Palais-Royal, en 1662.
Ces troupes de comédiens professionnels improvisent à partir d'une matière comique à la fois immuable et très malléable.

À retenir

Commedia dell'arte : théâtre comique italien, fondé sur l'improvisation à partir de personnages et de situations prédéfinis. La *commedia dell'arte* se généralise en France vers la fin du XVIe siècle.

Il y a d'abord une galerie de personnages. Le célèbre dramaturge italien Goldoni en présente les quatre principaux dans ses Mémoires, sous la forme d'un dialogue amusant : « *Monsieur, vous êtes auteur, vous êtes italien, vous devez connaître une pièce italienne… une pièce que je vais vous nommer. C'est… c'est… j'ai oublié le titre… Mais c'est égal, il y a dans cette comédie un Pantalon, il y a… un Arlequin… il y a un docteur, un Brighella.* »
Pantalon est le marchand vénitien, Arlequin et Brighella sont les valets rusés, voleurs et malhonnêtes.
Chaque personnage se reconnaît à son costume et à son masque.
Les comédiens qui jouent ces rôles apprennent par cœur des portions de dialogues, qu'ils replacent dans des situations types (par exemple la scène du vol ou la scène de la séduction, où l'amant fait la cour à une femme devant son mari…) ; celles-ci peuvent être combinées à l'infini. Si un vide survient dans l'action, les acteurs disposent de *lazzi* : ce sont de petites actions comiques qui leur permettent de meubler ou bien de

relancer l'attention du public (contrefaire un dormeur en lui faisant produire des bruits incroyables, faire semblant d'attraper une mouche…).
Le succès de ce théâtre est constant et va populariser le génie comique latin en France et en Europe. Molière se forme à cette école et s'en inspire, surtout lorsqu'il met en scène des personnages de valets rusés (comme Scapin).

Molière et la comédie classique

Molière (1622-1673) commence par jouer et écrire des farces. *Le Médecin malgré lui*, l'une de ses premières comédies, en trois actes, est en effet très imprégnée du comique de farce (coups de bâtons, personnages caricaturaux, gros mots et parler populaire), mais revisité par la matière comique italienne : Sganarelle, comme un personnage de la *commedia dell'arte*, est habillé en jaune et vert, il se déguise en faux médecin et l'intrigue amoureuse avance par les jongleries des valets.
À la suite de ses premières œuvres, Molière sort du cadre qui oppose genre comique et genre sérieux en écrivant des comédies de mœurs en cinq actes et en vers (c'est-à-dire dans le style noble de la tragédie). Il aborde des sujets sérieux dont il fait rire, comme l'éducation des femmes dans *L'École des femmes*. Ce faisant, il ouvre la voie du drame.

La comédie au XVIIIe siècle : une dimension politique et sociale

Au XVIIIe siècle, la comédie et ses personnages prennent une dimension de critique et de satire sociales de plus

Repères pour une histoire du théâtre comique

Troupe royale des comédiens italiens de l'hôtel de Bourgogne (XVIIe siècle).

Repères pour une histoire du théâtre comique

en plus importante. Marivaux, par exemple, pose dans *L'Île des esclaves* la question des relations entre les valets et les maîtres. Quelles sont les limites du pouvoir de ces derniers ? Bientôt, le valet ne se fait plus seulement remarquer par son habileté, mais surtout en tant que représentant d'une bourgeoisie montante et industrieuse, écartée du pouvoir par la noblesse : Figaro, personnage de Beaumarchais, Frontin, le valet de la pièce *Turcaret*, de Lesage, ne cessent de répéter qu'ils sont plus malins que leurs maîtres, Frontin finissant même par dépouiller le sien de sa fortune…
Diderot va achever de briser la séparation des genres en inventant le drame et la « comédie sérieuse », dont la fortune sera très grande au siècle suivant.

À retenir

Vaudeville : pièce où le comique repose sur une mécanique presque parfaite d'enchaînement de quiproquos et de situations cocasses qui s'entraînent les unes les autres.

La « pièce-bien-faite » au XIXe siècle

Des auteurs comme Scribe et Labiche définissent la « pièce-bien-faite » et le vaudeville. Ils entendent par là une formule dans laquelle l'intérêt dramatique repose sur l'enchaînement parfait des faits et des circonstances, de manière presque mécanique. L'argument de base du vaudeville est souvent un banal adultère qui, par une suite de quiproquos et de coups de théâtre, va prendre la dimension d'une aventure extravagante et loufoque. Le théâtre de boulevard, ainsi nommé parce qu'il se jouait dans des théâtres construits sur les boulevards extérieurs parisiens, en est l'héritier : personnages caricaturaux, dialogues simples et enjoués, situations scabreuses et cocasses en font la matière principale.
À Lyon apparaît aussi la tradition du théâtre de Guignol : joué dans des cafés populaires, devant un public

Repères pour une histoire du théâtre comique

d'ouvriers, il met en scène la revanche des petits contre les puissants. Le personnage de Guignol, un valet qui fait croire à ses maîtres qu'il est idiot, les vole et les ridiculise impunément, à la plus grande joie du public.

LE COMIQUE DE CONTESTATION AU XXe SIÈCLE

Au début du XXe siècle, le théâtre comique de boulevard reste très vivant mais il commence à être perçu comme une caricature démodée, voire rétrograde, par nombre d'auteurs, qui vont inventer d'autres formes de théâtre pour le contester.

Alfred Jarry, avec *Ubu roi*, en 1896, suivi d'Apollinaire, lance l'idée d'un théâtre de provocation où la grossièreté se mêle au cynisme et à la méchanceté, comme pour démonter de l'intérieur toute élévation de sentiments.

Un auteur comme Cami, un peu avant la Première Guerre mondiale, se moque des grands genres théâtraux, notamment le mélodrame, en en parodiant de manière ridicule les effets de style.

Plus proche de nous, Eugène Ionesco invente le théâtre de l'absurde. Sa première pièce, *La Cantatrice chauve*, en 1950, met en scène des personnages sans intérêt, échangeant des propos sans intérêt, dans une succession de situations loufoques et désopilantes à force d'être insensées. De nombreux auteurs, tel Jean Tardieu, à la suite de Ionesco ou en même temps que lui, joueront sur les phrases vides de sens que nous prononçons tous les jours sans nous en rendre compte.

À retenir

Parodie : imitation comique d'un genre sérieux, dans le but de faire rire. Cami parodie les mélodrames.

Théâtre de l'absurde : pièces où le comique repose sur la mise en avant de l'absurdité de nombreuses phrases que nous prononçons sans nous en rendre compte. Ionesco est le plus célèbre représentant de ce théâtre.

Repères pour une histoire du théâtre comique

LE CAFÉ-THÉÂTRE, LES SKETCHES

Simultanément apparaissent des spectacles plus modestes et plus faciles à réaliser, en raison de leur simplicité : le café-théâtre et les sketches.

En effet, ils ne demandent pas de grandes salles pour être joués, presque pas d'accessoires, pas de décor et font appel à un ou deux personnages, donc à peu d'acteurs.

L'appellation « café-théâtre » rappelle qu'au départ ces spectacles se donnaient à un public de consommateurs, dans une salle de café, comme en son temps le théâtre de Guignol.

Sans désigner un genre au sens classique du terme, ils présentent une action brève, souvent extraite de la vie quotidienne (une dispute d'enfants pour le texte de Roland Dubillard, une conversation sur le trottoir pour la pièce de Jean-Michel Ribes) et ils permettent de comprendre l'action et le caractère des personnages par le seul langage.

Les sketches sont des situations ou des récits dits par un seul comédien, qui parle à la première personne ou peut mimer un dialogue avec d'autres personnes. Le voyageur distrait du monologue de Charles Cros présente une situation qui préfigure les sketches d'artistes comme Coluche, Raymond Devos et tant d'autres.

À retenir

Sketch : texte comique assez court, généralement à la première personne, dit par un ou deux acteurs.

Café-théâtre : genre théâtral composé de pièces simples, ne nécessitant ni décors, ni costumes pour être jouées et qui pouvaient être représentées dans des salles de café.

À vous de jouer !

Les exercices suivants vous permettront d'être à votre tour acteurs et metteurs en scène. Pour tous ces exercices, il faut déterminer, dans la salle de classe ou ailleurs, un espace suffisant pour pouvoir se déplacer librement.

La démarche

1. L'un d'entre vous fera office de meneur de jeu. Tout le monde marche. C'est le meneur de jeu qui décide comment l'on doit marcher : comme un vieillard, comme un bébé, face au vent, extrêmement chargé, très énervé, tout mou, poursuivi par un chien enragé… On passe d'une démarche à l'autre à chaque fois que le meneur de jeu le décide.

2. Vous traversez tranquillement la scène. Arrivé(e) à mi-chemin, vous voyez quelque chose qui modifie radicalement votre attitude (exemple : un chien enragé se précipite vers vous).

Les gestes

3. Le miroir : cet exercice se pratique deux par deux, face à face. L'un de vous est le miroir, l'autre celui qui se regarde. Le miroir ne reflète que les bras, le torse et le visage. Il faut suivre et imiter tous les gestes et les expressions de l'autre, qui ne doit pas aller trop vite.

4. La marionnette : cet exercice se pratique toujours deux par deux. L'un est une marionnette à fil et l'autre le marionnettiste qui la manipule (pas trop vite).

5. La mouche : vous imitez le bruit d'une mouche qui s'approche et s'éloigne, vous la suivez du regard, faites mine de l'attraper en fermant la main sur elle, ouvrez doucement votre main pour la regarder ; elle s'envole… Ainsi de suite.

À vous de jouer !

LE TON

6. Choisissez une situation simple (un marchand de chaussures et un client, un médecin et un malade…). Jouez-la en imaginant que l'action se passe mal. Mais attention, le premier ne peut parler qu'en disant « un-deux », le second en disant « trois-quatre ». C'est par les gestes et le ton employés que l'on devra comprendre ce qui se passe et ce qui se dit.

7. Choisissez un texte, le plus neutre possible (une brève dans un journal, une définition dans un dictionnaire…) et dites-le en variant le ton (joyeux, triste, fatigué, en colère, méprisant…) ou la prononciation (rapide, en hésitant, en murmurant, en bégayant, avec un défaut de prononciation…).

LES SITUATIONS

8. Chacun note sur un papier une phrase courte et facile à mémoriser, sur un autre papier une situation facile à jouer. Chacun tire au sort un papier de chaque sorte. L'un d'entre vous est sur scène et mime la situation trouvée sur son papier. Le second entre ; il doit dire la phrase qu'il a tirée au sort en s'arrangeant pour qu'elle cadre avec la situation jouée par le premier.

9. « Je te jure que ce n'est pas moi ! » Voilà la première phrase de la scène que vous devez jouer par groupes de deux, trois ou quatre. Inutile d'écrire un texte : mettez-vous juste d'accord sur ce qui va se passer, puis jouez-le.

10. Voilà maintenant une série de petites situations dans lesquelles vous pouvez piocher afin d'improviser ou d'écrire de courtes scènes, mimées ou dialoguées. Dans tous les cas, il vous faudra réfléchir à la démarche, à la voix, à l'âge, au caractère… des personnages.

À vous de jouer !

– Je suis perdu dans un pays dont je ne comprends pas la langue.
– Plusieurs personnes se retrouvent enfermées dans un ascenseur.
– On croit que j'ai commis quelque chose alors que je suis innocent.
– Je n'arrive pas à me débarrasser d'un camarade insupportable qui me suit partout.
– Le téléphone ne cesse pas de sonner, mais personne ne parle au bout du fil.
– Tout le monde me regarde, je ne sais pas pourquoi.
– Alors que je joue aux cartes, je me rends compte que mon meilleur ami triche.
– Un avare vient de perdre quelque chose.
– Au restaurant, je me rends compte qu'il y a une mouche dans ma soupe, mais je suis très timide.
– Je demande une augmentation à mon patron.

Guignol et Gnafron, gravure,
Musée international de la marionnette, Lyon.

Vocabulaire du théâtre

Théâtre : ce mot peut désigner aussi bien le lieu (la salle) que ce qui s'y déroule (la pièce).

LA SALLE ET LA SCÈNE

Salle de théâtre : au Moyen Âge, le théâtre se faisait dans la rue ou bien sur les places : il n'y avait pas de salles de théâtre. Par la suite, des salles ont été construites pour accueillir les spectateurs. Selon les moyens dont on disposait, on était plus ou moins bien placé : depuis les « loges » (ou baignoires) où les spectateurs aisés étaient isolés du reste de la salle, jusqu'aux « galeries » (ou poulailler), placées en hauteur, dans lesquelles on se tenait généralement debout, en passant par les fauteuils d'orchestre, placés devant la scène. Les salles de théâtre qui sont construites aujourd'hui sont souvent plus simples.

Orchestre : espace en contrebas entre la scène et le public, où prennent place les musiciens.

Scène : endroit où se trouvent les acteurs et le décor et où se joue la pièce de théâtre. On peut aussi parler des « planches » ou du « plateau ». Attention ! le mot « scène » désigne aussi une partie du texte de théâtre.

Côté cour, côté jardin : comme les marins qui disent bâbord et tribord pour évoquer la gauche et la droite, les gens de théâtre ont un vocabulaire qui leur est propre ; le côté cour correspond au côté droit de la scène, le côté jardin au côté gauche.

Rideau : traditionnellement, on fermait le rideau qui sépare la scène de la salle à la fin de chaque acte (pour changer le décor ou bien pour faire comprendre au spectateur que du temps a passé).

Coulisses : placées juste à côté de la scène, elles permettent aux comédiens de ne pas être vus du public.

Loges : endroit où les comédiens se maquillent, s'habillent et se préparent avant d'entrer en scène.

Vocabulaire du théâtre

Décor : objets qui permettent de montrer sur la scène le lieu où se trouvent les personnages (meubles, grandes toiles peintes placées au fond de la scène, etc.).

Accessoires : tous les petits objets dont les acteurs ont besoin dans le cours de la représentation.

La soirée théâtrale

Représentation (ou spectacle) : nom que l'on donne à une soirée de théâtre. On assiste à une représentation.

Générale : représentation complète de la pièce sans s'interrompre et en costumes, mais sans public. La générale a le plus souvent lieu la veille de la première.

Première : comme son nom l'indique, première représentation de la pièce face au public.

Entracte : parfois, lorsque le spectacle est long, on fait une pause entre deux actes ; les spectateurs peuvent sortir de la salle un court moment : c'est l'entracte.

Répétitions : moments où les acteurs travaillent avec le metteur en scène pour mettre au point le spectacle (les gestes qu'ils doivent faire, les déplacements, les intonations…)

Les métiers

Auteur dramatique (ou dramaturge) : celui qui écrit des pièces de théâtre.

Metteur en scène : celui qui dirige la pièce de théâtre. Il a choisi le texte, il donne des conseils aux acteurs et dit à chacun ce qu'il doit faire.

Comédien (ou acteur) : celui qui joue la comédie, autrement dit qui représente un personnage d'une pièce de théâtre.

Mime : acteur qui interprète des situations ou des personnages sans prononcer aucun mot et sans user d'accessoires.

Figurant : acteur présent sur scène mais qui n'a rien à dire.

Souffleur : il est chargé de souffler leur texte aux acteurs qui ont un trou de mémoire. Il est traditionnellement placé dans un trou, situé sur le devant de la scène.

Décorateur : personne chargée d'imaginer le décor.

Vocabulaire du théâtre

Costumier : personne qui a en charge les costumes d'une pièce de théâtre.

Machiniste : personne qui a en charge les changements de décor de la pièce.

Éclairagiste : personne qui a en charge l'éclairage de la scène.

LES GENRES THÉÂTRAUX

Pièce de théâtre : texte fait pour être représenté au théâtre.

Farce : pièce de théâtre au comique grossier où les gestes ont autant d'importance que le texte. Ce genre est surtout en vogue au Moyen Âge.

Mystère : genre du Moyen Âge constitué de pièces dont l'intrigue raconte des épisodes liés à la religion (l'histoire de Jésus ou d'un saint, par exemple).

Comédie : pièce de théâtre qui a pour but d'amuser le public en jouant sur des situations, des caractères ou des dialogues comiques. Les comédies s'inspirent très souvent de la réalité sociale, parfois pour la dénoncer. Presque toutes les pièces de Molière sont des comédies.

Tragédie : genre théâtral né en Grèce, dans l'Antiquité, souvent en vers, racontant les histoires terribles arrivées à des personnages mythologiques ou historiques. Racine et Corneille ont écrit des tragédies.

***Commedia dell'arte* :** genre théâtral italien, généralisé en France à la fin du XVIe siècle, dans lequel, à partir de certains personnages précis, les comédiens développent en improvisant une situation comique définie à l'avance mais non écrite. Arlequin, Scaramouche, Pierrot, Colombine ou encore le capitaine Matamore sont des personnages de la *commedia dell'arte*.

Mélodrame : pièce de théâtre dans laquelle tout est fait pour impressionner et émouvoir le public.

Vaudeville : comédie légère et amusante, quelquefois chantée, particulièrement à la mode à la fin du XIXe siècle. Les vaudevilles mettent en scène des situations absurdes ou ridicules, pleines de quiproquos. Georges Feydeau et Eugène Labiche ont été des auteurs de vaudevilles.

Théâtre de boulevard : autre

Vocabulaire du théâtre

nom donné aux vaudevilles (les théâtres où se jouaient ces pièces à Paris se trouvaient sur les grands boulevards).

Opéra : pièce de théâtre mise en musique et chantée.

Opérette : petit opéra léger et amusant.

Monologue : genre théâtral qui fut inventé par Charles Cros au XIXe siècle. Il s'agit d'un texte comique, plutôt court, dans lequel l'unique personnage raconte au public ses obsessions ou ses mésaventures. C'est l'ancêtre du sketch. Attention au mot « monologue » qui sert aussi à désigner une longue tirade, pas forcément comique, dite à un moment donné par un personnage dans une pièce de théâtre.

Saynète : très courte pièce de théâtre, avec très peu de personnages.

Sketch : texte comique et court, généralement dit par un seul acteur. Coluche a écrit et interprété beaucoup de sketches.

Café-théâtre : petite salle où les spectateurs, tout en buvant et en mangeant, assistent à de courts spectacles chantés ou théâtraux.

Marionnettes : petites figures actionnées à l'aide de fils, de bâtons ou directement avec la main et qui représentent des personnages humains ou animaux. Pratiquement toutes les civilisations, depuis la nuit des temps, ont développé un théâtre de marionnettes. En France, au XIXe siècle, le personnage de Guignol a été inventé afin de divertir les ouvriers lyonnais en ridiculisant les patrons et les gendarmes.

Improvisation : jeu spontané, sans avoir appris de texte, pour représenter une situation donnée. Les spectacles de la *commedia dell'arte* sont toujours improvisés.

LE TEXTE

Acte : nom donné à chacune des grandes parties d'une pièce de théâtre. Il y a généralement 1, 3 ou 5 actes. Le plus souvent, le changement d'acte correspond à un changement de lieu ; le rideau se ferme pour permettre le changement de décor. À la place du mot « acte », on trouve parfois le mot « tableau », que l'on emploie par référence à la peinture.

Vocabulaire du théâtre

Scène : les actes sont généralement divisés en parties plus petites nommées « scènes ». On change de scène lorsqu'un personnage arrive ou s'en va. Attention ! le mot « scène » désigne aussi l'espace sur lequel les acteurs jouent la pièce.

Didascalies : phrases généralement en italique, écrites par l'auteur et donnant des renseignements sur le décor, les costumes, le ton ou les gestes.

Personnage : personne qui apparaît dans une pièce de théâtre et qui doit être représentée par un acteur.

Rôle : ensemble du texte interprété par un même personnage tout au long de la pièce.

Réplique : ce qu'un acteur doit dire en une seule fois. Dans le texte de la pièce, devant chaque nouvelle réplique, est écrit le nom du personnage qui parle.

Tirade : longue réplique dans laquelle un personnage développe une idée importante.

Monologue : très longue tirade dans laquelle un personnage parle seul sur scène. Il revient sur sa situation ou développe une idée importante. Par convention, on suppose que le monologue permet de faire connaître les pensées d'un personnage aux spectateurs.

Aparté : se dit lorsqu'un personnage parle, sur scène, de manière à ne pas être entendu par un autre personnage. Le public, lui, l'entend clairement.

Péripétie : événement imprévu.

Coup de théâtre : événement inattendu qui modifie radicalement le cours de l'action.

Chute : fin de la pièce, moment où tout s'explique et se résout. On parle aussi de chute pour une blague (c'est alors la fin de la blague, le moment où elle fait rire le public).

Quiproquo : on établit un quiproquo lorsque l'on prend une personne pour une autre et que cela entraîne des erreurs en cascade.

Jeu de scène : ensemble des choses qu'un acteur fait sur la scène afin de provoquer un effet. Le « jeu » du comédien (ou « interprétation ») est la manière qu'il a de jouer son rôle.

Intonation (ou ton de la voix) : manière dont l'acteur utilise sa voix pour obtenir tel ou tel effet ; on parlera d'un ton tendre ou violent, d'une intonation rapide ou hésitante.

Groupement de textes :
Les classiques du rire au théâtre

Ce panorama du théâtre comique propose une visite guidée des grandes formes comiques du théâtre, à travers des œuvres devenues des classiques du rire.
Le périple commence par Molière : comique de geste dans la scène des mains de *L'Avare* ; comique de situation et de mots dans la scène du faux médecin du *Malade imaginaire*.
Vient ensuite la satire sociale, avec Marivaux au XVIIIe siècle, quand les valets prennent la place des maîtres, et Jarry au tout début du XIXe siècle, lorsque les plaisanteries d'étudiants ridiculisent l'esprit de sérieux.
Avec Feydeau, bienvenue sur le boulevard : quiproquos et situations cocasses nous font rire de la vie de tous les jours à un rythme endiablé.
Enfin, avec Ionesco et Tardieu, nos contemporains, c'est l'absurdité du langage lui-même qui prête à rire : les personnages n'ont rien à dire, certes, au moins le disent-ils avec drôlerie et légèreté.

L'Avare de Molière

Dans *L'Avare*, Molière (1622-1673) crée Harpagon, caricature d'avare, de pingre et de radin. Il est tellement obsédé par son trésor et par la peur d'être volé qu'il en vient à craindre que ceux qui l'entourent ne possèdent plusieurs paires de mains pour le voler, comme en témoigne cette scène du début de la comédie, qui le met aux prises avec La Flèche, valet de son fils.

Groupement de textes

HARPAGON – Tu fais le raisonneur. Je te baillerai de ce raisonnement-ci par les oreilles. *(Il lève la main pour lui donner un soufflet.)* Sors d'ici, encore une fois.
LA FLÈCHE – Hé bien ! je sors.
HARPAGON – Attends. Ne m'emportes-tu rien ?
LA FLÈCHE – Que vous emporterais-je ?
HARPAGON – Viens çà, que je voie. Montre-moi tes mains.
LA FLÈCHE – Les voilà.
HARPAGON – Les autres.
LA FLÈCHE – Les autres ?
HARPAGON – Oui.
LA FLÈCHE – Les voilà.
HARPAGON – N'as-tu rien mis ici dedans ?
LA FLÈCHE – Voyez vous-même.
HARPAGON. *Il tâte le bas de ses chausses*[1] – Ces grands hauts-de-chausses sont propres à devenir les receleurs[2] des choses qu'on dérobe ; et je voudrais qu'on en eût fait pendre quelqu'un.
LA FLÈCHE – Ah ! qu'un homme comme cela mériterait bien ce qu'il craint ! et que j'aurais de joie à le voler !
HARPAGON – Euh ?
LA FLÈCHE – Quoi ?
HARPAGON – Qu'est-ce que tu parles de voler ?
LA FLÈCHE – Je dis que vous fouillez bien partout, pour voir si je vous ai volé.
HARPAGON – C'est ce que je veux faire.
Il fouille dans les poches de La Flèche.
LA FLÈCHE, *à part* – La peste soit de l'avarice et des avaricieux !

Molière, *L'Avare*, acte I, scène 3, 1668.

---

1. chausses : pantalons.
2. receleurs : ceux qui gardent des objets volés.

Caricature anonyme (fin XIXe siècle – début XXe siècle), spectateurs en délire au théâtre de l'Arsenal.

Groupement de textes

LE MALADE IMAGINAIRE DE MOLIÈRE

Molière a souvent pris médecins et malades pour cibles dans son théâtre. Ici, il imagine un médecin qui propose une étrange chirurgie, plus magique que scientifique. En fait, il s'agit d'une servante qui se déguise en médecin pour prouver à son maître, Argan, qu'il a tort de faire confiance aux médecins.

TOINETTE – *Ignorantus, ignoranta, ignorantum*. Il faut boire votre vin pur, et, pour épaissir votre sang, qui est trop subtil, il faut manger de bon gros bœuf, de bon gros porc, de bon fromage de Hollande ; du gruau[1] et du riz, et des marrons et des oublies[2], pour coller et conglutiner. Votre médecin est une bête. Je veux vous en envoyer un de ma main ; et je viendrai vous voir de temps en temps, tandis que je serai en cette ville.

ARGAN – Vous m'obligerez beaucoup.

TOINETTE – Que diantre faites-vous de ce bras-là ?

ARGAN – Comment ?

TOINETTE – Voilà un bras que je me ferais couper tout à l'heure, si j'étais que de vous.

ARGAN – Et pourquoi ?

TOINETTE – Ne voyez-vous pas qu'il tire à soi toute la nourriture, et qu'il empêche ce côté-là de profiter ?

ARGAN – Oui ; mais j'ai besoin de mon bras.

TOINETTE – Vous avez là aussi un œil droit que je me ferais crever, si j'étais à votre place.

ARGAN – Crever un œil ?

TOINETTE – Ne voyez-vous pas qu'il incommode l'autre, et lui dérobe sa nourriture ? Croyez-moi, faites-vous-le crever au plus tôt : vous en verrez plus clair de l'œil gauche.

---

1. *gruau* : soupe épaisse d'avoine.
2. *oublies* : gaufres roulées.

Les classiques du rire au théâtre

ARGAN – Cela n'est pas pressé.

TOINETTE – Adieu. Je suis fâché de vous quitter si tôt ; mais il faut que je me trouve à une grande consultation qui doit se faire pour un homme qui mourut hier.

ARGAN – Pour un homme qui mourut hier ?

TOINETTE – Oui : pour aviser et voir ce qu'il aurait fallu lui faire pour le guérir. Jusqu'au revoir.

ARGAN – Vous savez que les malades ne reconduisent point.

BÉRALDE – Voilà un médecin, vraiment, qui paraît fort habile !

ARGAN – Oui ; mais il va un peu bien vite.

BÉRALDE – Tous les grands médecins sont comme cela.

ARGAN – Me couper un bras et me crever un œil, afin que l'autre se porte mieux ! J'aime bien mieux qu'il ne se porte pas si bien. La belle opération, de me rendre borgne et manchot !

Molière, *Le Malade imaginaire*, acte III, scène 10, 1673.

L'ÎLE DES ESCLAVES DE MARIVAUX

Marivaux (1688-1763), de son vrai nom Pierre Carlet de Chamblain, est l'auteur d'une quarantaine de comédies et de plusieurs romans. S'il met généralement en scène des amoureux qui usent de déguisements et de stratagèmes pour tester la vérité de l'amour de l'autre (le « marivaudage »), dans *L'Île des esclaves* (1725), il nous montre un maître et son valet (Arlequin, l'un des personnages de la *commedia dell'arte*, serviteur niais, ivrogne, grossier et immoral, traditionnellement habillé d'un vêtement multicolore) débarquant sur une île dans laquelle les rôles s'échangent, l'esclave devenant le maître et *vice versa*.

Groupement de textes

La scène est dans l'île des esclaves. Le théâtre représente une mer et des rochers d'un côté et de l'autre quelques arbres et des maisons.

Scène 1 : *Iphicrate s'avance tristement sur le théâtre avec Arlequin.*

IPHICRATE, *après avoir soupiré* – Arlequin ?
ARLEQUIN, *avec une bouteille de vin qu'il a à sa ceinture* – Mon patron !
IPHICRATE – Que deviendrons-nous dans cette île ?
ARLEQUIN – Nous deviendrons maigres, étiques[1], et puis morts de faim ; voilà mon sentiment et notre histoire.
IPHICRATE – Nous sommes seuls échappés du naufrage ; tous nos amis ont péri, et j'envie maintenant leur sort.
ARLEQUIN – Hélas ! ils sont noyés dans la mer, et nous avons la même commodité[2].
IPHICRATE – Dis-moi ; quand notre vaisseau s'est brisé contre le rocher, quelques-uns des nôtres ont eu le temps de se jeter dans la chaloupe ; il est vrai que les vagues l'ont enveloppée : je ne sais ce qu'elle est devenue ; mais peut-être auront-ils eu le bonheur d'aborder en quelque endroit de l'île et je suis d'avis que nous les cherchions.
ARLEQUIN – Cherchons, il n'y a pas de mal à cela ; mais reposons-nous auparavant pour boire un petit coup d'eau-de-vie. J'ai sauvé ma pauvre bouteille, la voilà ; j'en boirai les deux tiers comme de raison, et puis je vous donnerai le reste.
IPHICRATE – Eh ! ne perdons point notre temps ; suis-moi : ne négligeons rien pour nous tirer d'ici. Si je ne me sauve, je suis perdu ; je ne reverrai jamais Athènes, car nous sommes seuls dans l'île des esclaves.
ARLEQUIN – Oh ! oh ! qu'est-ce que c'est que cette race-là ?
IPHICRATE – Ce sont des esclaves de la Grèce révoltés contre leurs maîtres, et qui depuis cent ans sont venus s'établir dans une île, et je crois que c'est ici : tiens, voici sans doute quelques-unes de leurs cases ; et leur coutume, mon cher Arlequin, est de tuer tous les maîtres qu'ils rencontrent, ou de les jeter dans l'esclavage.
ARLEQUIN – Eh ! chaque pays a sa coutume ; ils tuent les maîtres, à la bonne heure ; je l'ai entendu dire aussi ; mais on dit qu'ils ne font rien aux esclaves comme moi.

IPHICRATE – Cela est vrai.

ARLEQUIN – Eh ! encore vit-on.

IPHICRATE – Mais je suis en danger de perdre la liberté et peut-être la vie ; Arlequin, cela ne suffit-il pas pour me plaindre ?

ARLEQUIN, *prenant sa bouteille pour boire* – Ah ! je vous plains de tout mon cœur, cela est juste.

IPHICRATE – Suis-moi donc ?

ARLEQUIN *siffle* – Hu ! hu ! hu !

IPHICRATE – Comment donc ! que veux-tu dire ?

ARLEQUIN, *distrait, chante* – Tala ta lara.

IPHICRATE – Parle donc ; as-tu perdu l'esprit ? à quoi penses-tu ?

ARLEQUIN, *riant* – Ah ! ah ! ah ! Monsieur Iphicrate, la drôle d'aventure ! je vous plains, par ma foi ; mais je ne saurais m'empêcher d'en rire.

IPHICRATE, *à part les premiers mots* – Le coquin abuse de ma situation : j'ai mal fait de lui dire où nous sommes. Arlequin, ta gaieté ne vient pas à propos[3] ; marchons de ce côté.

ARLEQUIN – J'ai les jambes si engourdies !…

IPHICRATE – Avançons, je t'en prie.

ARLEQUIN – Je t'en prie, je t'en prie ; comme vous êtes civil et poli ; c'est l'air du pays qui fait cela.

Marivaux, *L'Île des esclaves,* acte I, scène 1, 1725.

ON PURGE BÉBÉ DE GEORGES FEYDEAU

Georges Feydeau (1862-1921) s'est consacré d'emblée au théâtre comique. Il écrit d'abord des monologues, puis des comédies, appelées vaudevilles, dans lesquelles il développe des situations drôles, absurdes et compliquées. Ainsi, dans les familles bourgeoises qu'il met en scène, les maris sont trompés, les femmes capricieuses, et les quiproquos

---

1. étiques : extrêmement maigres.

2. commodité : chance ; emploi ironique.

3. ta gaieté ne vient pas à propos : ce n'est pas le moment d'être gai.

Groupement de textes

se multiplient. L'action de *On purge bébé* (1910) se situe dans l'appartement de M. Follavoine, qui s'apprête à recevoir un certain M. Chouilloux, chargé par le Ministère d'acheter des pots de chambre pour l'armée française. Or, Follavoine pense avoir réussi à fabriquer des pots de chambre en porcelaine incassable. Le passage ci-dessous se situe au moment où il va faire pour M. Chouilloux l'expérience de la solidité des pots de chambre.

FOLLAVOINE, *prenant le vase sur la table* – Vous allez voir la solidité. *(Il élève le vase en l'air comme pour le lancer par terre puis se ravise.)* Non ! ici, avec le tapis, ça ne prouverait rien !... mais là, dans le couloir, c'est du plancher... Vous allez voir ! *(Il est allé tout en parlant ouvrir la porte du fond toute grande et redescend avec son vase devant le trou du souffleur, à côté de Chouilloux. – Indiquant à Chouilloux le point où il faut regarder.)* Là-bas, monsieur Chouilloux ! *(Chouilloux fait mine d'y aller. Follavoine le retenant.)* Non, restez ici, mais regardez là-bas ! *(Au moment de lancer son vase.)* Suivez-moi bien ! *(Le balançant pour lui donner de l'élan.)* Une !... deux !... trois !... *(Lançant le vase et pendant sa trajectoire.)* Hop ! Voilà.

Au moment même où il dit « Voilà ! » le vase tombe et se brise ; les deux personnages restent un instant bouche bée, comme stupéfiés.

CHOUILLOUX, *décrivant un demi-cercle autour de Follavoine toujours figé et se trouvant ainsi, face à lui, légèrement au-dessus et à droite, et, partant, face au public* – C'est cassé !

FOLLAVOINE – Hein ?

CHOUILLOUX – C'est cassé !

FOLLAVOINE – Ah ! oui, c'est... c'est cassé.

CHOUILLOUX, *qui est remonté jusqu'à la porte* – Il n'y a pas !... ça n'est pas un effet d'optique.

FOLLAVOINE, *qui est remonté également* – Non ! non ! C'est bien cassé ! C'est curieux ! Je ne comprends pas ! Car, enfin, je vous jure, c'est la première fois que ça lui arrive.

CHOUILLOUX, *descendant* – Il s'est peut-être trouvé une paille.

FOLLAVOINE, *descendant également* – Peut-être oui !... D'ailleurs, au fond, je ne suis pas fâché de cette expérience ; elle prouve justement que... que... Enfin, comme on dit :

« l'exception confirme la règle. » Parce que, jamais ! jamais ça ne se casse !
Chouilloux – Jamais ?
FOLLAVOINE – Jamais ! Ou alors, je ne sais pas : une fois sur mille !
Chouilloux – Ah ! Une fois sur mille.
FOLLAVOINE – Oui et… et encore ! D'ailleurs vous allez voir ! *(Remontant vers la bibliothèque.)* J'ai là un autre exemplaire ; nous allons pouvoir le lancer et le relancer… *(Redescendant avec un second vase qu'il a pris dans la bibliothèque.)* Ne tenez pas compte de celui-là : c'est une mauvaise cuisson.
CHOUILLOUX – Oui, c'est un mal cuit.
FOLLAVOINE – Voilà. *(Allant se placer devant le trou du souffleur à côté de Chouilloux qui y est déjà.)* Regardez bien : une… deux… *(Se ravisant.)* Non, tenez ! lancez-le vous-même !
Il lui met le vase dans la main.
CHOUILLOUX – Moi !
FOLLAVOINE – Oui ! Comme ça vous vous rendrez mieux compte.
CHOUILLOUX – Ah ?…
Follavoine s'efface un peu à droite ; Chouilloux prend la place de Follavoine, tout cela sans changer de numéro.
FOLLAVOINE – Allez !
CHOUILLOUX – Oui ! *(Balançant le vase.)* Une… deux…
Il s'arrête très ému.
FOLLAVOINE – Eh ! bien ! Allez ! Qu'est-ce qui vous arrête ?
CHOUILLOUX – C'est que c'est la première fois qu'il m'arrive de jouer au bowling avec…
FOLLAVOINE – Allez ! Allez ! N'ayez pas peur ! *(Pour le tranquilliser.)* Je vous dis : un sur mille !
CHOUILLOUX – Une ! deux ! et trois !
FOLLAVOINE *pendant la trajectoire* – Hop ! *(Au moment où le vase arrive à terre.)* Voilà !
Le vase éclate en morceaux. Même jeu que précédemment ; ils restent tous deux comme médusés.
CHOUILLOUX, *après un temps, remontant jusqu'à la porte pour bien constater le dégât* – C'est cassé !

Georges Feydeau, *On purge bébé*, acte I, scène 4,
© Omnibus, 1910.

Groupement de textes

Véritable portrait de Père Ubu, gravure sur bois d'Alfred Jarry.

Les classiques du rire au théâtre

UBU ROI D'ALFRED JARRY

Le personnage du Père Ubu a été inventé par Alfred Jarry (1873-1907) et quelques-uns de ses camarades de lycée, à Rennes, en 1888, en prenant pour modèle un de leurs professeurs. Au départ, il ne s'agissait que de spectacles de marionnettes potaches. Mais plus tard, Jarry reprendra ce personnage dans une série de farces dont la première, *Ubu roi*, déclencha un scandale en 1896. Le Père Ubu est un homme grotesque, extrêmement gros et grossier, lâche, cruel, bête et méchant, qui ne pense qu'à son ventre, à devenir roi et à s'enrichir. Il est toujours accompagné de sa femme, Mère Ubu, qui est à son image. Le passage suivant se situe au début d'*Ubu roi*, alors qu'Ubu a réuni l'armée du capitaine Bordure afin de préparer un coup d'État.

Acte I, scène 2

La scène représente une chambre de la maison de Père Ubu où une table splendide est dressée.

PÈRE UBU, MÈRE UBU

MÈRE UBU – Eh ! nos invités sont bien en retard.

PÈRE UBU – Oui, de par ma chandelle verte. Je crève de faim. Mère Ubu, tu es bien laide aujourd'hui. Est-ce parce que nous avons du monde ?

MÈRE UBU, *haussant les épaules* – Merdre.

PÈRE UBU, *saisissant un poulet rôti* – Tiens, j'ai faim. Je vais mordre dans cet oiseau. C'est un poulet, je crois. Il n'est pas mauvais.

MÈRE UBU – Que fais-tu, malheureux ? Que mangeront nos invités ?

PÈRE UBU – Ils en auront encore bien assez. Je ne toucherai plus à rien. Mère Ubu, va donc voir à la fenêtre si nos invités arrivent.

MÈRE UBU, *y allant* – Je ne vois rien.

Pendant ce temps, le Père Ubu dérobe une rouelle de veau.

Groupement de textes

Mère Ubu – Ah ! voilà le capitaine Bordure et ses partisans qui arrivent. Que manges-tu donc, Père Ubu ?
Père Ubu – Rien, un peu de veau.
Mère Ubu – Ah ! le veau ! le veau ! veau ! Il a mangé le veau ! Au secours !
Père Ubu – De par ma chandelle verte, je te vais arracher les yeux.
La porte s'ouvre.

Acte I, scène 3

Père Ubu, Mère Ubu, Capitaine Bordure
et ses partisans

Mère Ubu – Bonjour, Messieurs, nous vous attendons avec impatience. Asseyez-vous.
Capitaine Bordure – Bonjour, Madame. Mais où est donc le Père Ubu ?
Père Ubu – Me voilà ! me voilà ! Sapristi, de par ma chandelle verte, je suis pourtant assez gros.
Capitaine Bordure – Bonjour, Père Ubu. Asseyez-vous, mes hommes.
Ils s'asseyent tous.
Père Ubu – Ouf, un peu plus, j'enfonçais ma chaise.
Capitaine Bordure – Eh ! Mère Ubu ! que nous donnez-vous de bon aujourd'hui ?
Mère Ubu – Voici le menu.
Père Ubu – Oh ! ceci m'intéresse.
Mère Ubu – Soupe polonaise, côtes de rastron, veau, poulet, pâté de chien, croupion de dinde, charlotte russe…
Père Ubu – Eh ! en voilà assez, je suppose. Y en a-t-il encore ?
Mère Ubu, *continuant* – Bombe, salade, fruits, dessert, bouilli, topinambours, choux-fleurs à la merdre.
Père Ubu – Eh ! me crois-tu empereur d'Orient pour faire de telles dépenses ?
Mère Ubu – Ne l'écoutez pas, il est imbécile.
Père Ubu – Ah ! je vais aiguiser mes dents contre vos mollets.
Mère Ubu – Dîne plutôt, Père Ubu. Voilà de la polonaise.
Père Ubu – Bougre, que c'est mauvais.
Capitaine Bordure – Ce n'est pas bon, en effet.

MÈRE UBU – Tas d'Arabes, que vous faut-il ?
PÈRE UBU, *se frappant le front* – Oh ! j'ai une idée. Je vais revenir tout à l'heure.
Il s'en va.
MÈRE UBU – Messieurs, nous allons goûter du veau.
CAPITAINE BORDURE – Il est très bon, j'ai fini.
MÈRE UBU – Aux croupions, maintenant.
CAPITAINE BORDURE – Exquis, exquis ! Vive la Mère Ubu !
TOUS – Vive la Mère Ubu !
PÈRE UBU, *rentrant* – Et vous allez bientôt crier vive le Père Ubu.
Il tient un balai innommable à la main et le lance sur le festin.
MÈRE UBU – Misérable, que fais-tu ?
PÈRE UBU – Goûtez un peu.
Plusieurs goûtent et tombent empoisonnés.
PÈRE UBU – Mère Ubu, passe-moi les côtelettes de rastron, que je serve.
MÈRE UBU – Les voici.
PÈRE UBU – À la porte tout le monde ! Capitaine Bordure, j'ai à vous parler.
LES AUTRES – Eh ! nous n'avons pas dîné !
PÈRE UBU – Comment, vous n'avez pas dîné ! À la porte, tout le monde ! Restez, Bordure.
Personne ne bouge.
PÈRE UBU – Vous n'êtes pas partis ? De par ma chandelle verte, je vais vous assommer de côtes de rastron.
Il commence à en jeter.
TOUS – Oh ! Aïe ! Au secours ! Défendons-nous ! malheur ! je suis mort !
PÈRE UBU – Merdre, merdre, merdre. À la porte ! je fais mon effet.
TOUS – Sauve qui peut ! Misérable Père Ubu ! traître et gueux voyou !
PÈRE UBU – Ah ! les voilà partis. Je respire, mais j'ai fort mal dîné. Venez, Bordure.
Ils sortent avec la Mère Ubu.

Alfred Jarry, *Ubu roi*, acte I, scènes 2 et 3, 1907.

Groupement de textes

LA CANTATRICE CHAUVE D'EUGÈNE IONESCO

En 1948, Eugène Ionesco (1912-1994) entreprend l'étude de l'anglais avec la méthode Assimil. Il découvre dans ce manuel des Anglais typiques qui deviennent rapidement pour lui d'authentiques personnages de théâtre. C'est ainsi qu'il écrit *La Cantatrice chauve,* pièce qui pousse jusqu'au burlesque l'absurde de scènes quotidiennes banales et stéréotypées.

Intérieur bourgeois anglais, avec des fauteuils anglais. Soirée anglaise. M. Smith, Anglais, dans son fauteuil et ses pantoufles anglais, fume sa pipe anglaise et lit un journal anglais, près d'un feu anglais. Il a des lunettes anglaises, une petite moustache grise, anglaise. À côté de lui, dans un autre fauteuil anglais, Mme Smith, Anglaise, raccommode des chaussettes anglaises. Un long moment de silence anglais. La pendule anglaise frappe dix-sept coups anglais.

MME SMITH – Tiens, il est neuf heures. Nous avons mangé de la soupe, du poisson, des pommes de terre au lard, de la salade anglaise. Les enfants ont bu de l'eau anglaise. Nous avons bien mangé, ce soir. C'est parce que nous habitons dans les environs de Londres et que notre nom est Smith.
M. SMITH, *continuant sa lecture, fait claquer sa langue.*
MME SMITH – Les pommes de terre sont très bonnes avec le lard, l'huile de la salade n'était pas rance. L'huile de l'épicier du coin est de bien meilleure qualité que l'huile de l'épicier d'en face, elle est même meilleure que l'huile de l'épicier du bas de la côte. Mais je ne veux pas dire que leur huile à eux soit mauvaise.
M. SMITH, *continuant sa lecture, fait claquer sa langue.*
MME SMITH – Pourtant, c'est toujours l'huile de l'épicier du coin qui est la meilleure…
M. SMITH, *continuant sa lecture, fait claquer sa langue.*
MME SMITH – Mary a bien cuit les pommes de terre, cette fois ci. La dernière fois elle ne les avait pas bien fait cuire. Je ne les aime que lorsqu'elles sont bien cuites.
M. SMITH, *continuant sa lecture, fait claquer sa langue.*

Les classiques du rire au théâtre

MME SMITH – Le poisson était frais. Je m'en suis léché les babines. J'en ai pris deux fois. Non, trois fois. Ça me fait aller aux cabinets. Toi aussi tu en as pris trois fois. Cependant, la troisième fois tu en as pris moins que les deux premières fois, tandis que moi j'en ai pris beaucoup plus. J'ai mieux mangé que toi, ce soir. Comment ça se fait ? D'habitude, c'est toi qui manges le plus. Ce n'est pas l'appétit qui te manque.

Eugène Ionesco, *La Cantatrice chauve*, scène 1,
© Gallimard, 1950.

FINISSEZ VOS PHRASES DE JEAN TARDIEU

Jean Tardieu (1903-1995) poète et dramaturge, explore les limites du langage. Ici, il montre que les mots outils (conjonctions, pronoms, adverbes), à condition d'être poétiquement combinés, peuvent avoir plus de sens que prévu…

Monsieur A et Madame B, personnages quelconques mais pleins d'élan (comme s'ils étaient toujours sur de point de dire quelque chose d'explicite), se rencontrent dans une rue quelconque, devant la terrasse d'un café.

MONSIEUR A, *avec chaleur* – Oh! chère amie. Quelle chance de vous…
MADAME B, *ravie* – Très heureuse, moi aussi. Très heureuse de… vraiment oui !
MONSIEUR A – Comment allez-vous, depuis que ?…
MADAME B, *très naturelle* – Depuis que ? Eh bien ! J'ai continué, vous savez, j'ai continué à…
MONSIEUR A – Comme c'est ! … Enfin, oui vraiment, je trouve que c'est…
MADAME B, *modeste* – Oh ! n'exagérons rien ! C'est seulement, c'est uniquement… Je veux dire : ce n'est pas tellement, tellement…

Groupement de textes

MONSIEUR A, *intrigué, mais sceptique* – Pas tellement, pas tellement, vous croyez ?
MADAME B, *restrictive* – Du moins je le… je, je, je. Enfin !…
MONSIEUR A, *avec admiration* – Oui, je comprends : vous êtes trop, vous avez trop de…
MADAME B, *toujours modeste, mais flattée* – Mais non, mais non : plutôt pas assez…
MONSIEUR A, *réconfortant* – Taisez-vous donc ! Vous n'allez pas nous… ?
MADAME B, *riant franchement* – Non ! non ! Je n'irai pas jusque-là !

Un temps très long. Ils se regardent l'un l'autre en souriant.
MONSIEUR A – Mais, au fait ! puis-je vous demander où vous… ?
MADAME B, *très précise et décidée* – Mais pas de ! Non, non, rien, rien. Je vais jusqu'au, pour aller chercher mon. Puis je reviens à la.
MONSIEUR A, *engageant et galant, offrant son bras* – Me permettez-vous de… ?
MADAME B – Mais, bien entendu ! Nous ferons ensemble un bout de.
MONSIEUR A – Parfait, parfait ! Alors, je vous en prie. Veuillez passer par ! Je vous suis. Mais, à cette heure-ci, attention à, attention aux !

Jean Tardieu, *Finissez vos phrases* ou *Une heureuse rencontre*, comédie,
© Gallimard, 1955.

Bibliographie et filmographie

À LIRE
– Christophe, *La Famille Fenouillard,* Armand Colin, 1893.
– *Mille ans de théâtre,* Milan, 1993.
– Gianni Rodari, *Grammaire de l'imagination,* Éditions Rue du Monde, 1997.

À LIRE ET À JOUER
– *La Farce de Maître Pathelin,* coll. « Bibliocollège », n° 17, Hachette Éducation, 2000.
– Cami, *Drames de la vie courante,* coll. « Folio », n° 2298, Gallimard, 1991.
– Coluche, *Les Inoubliables,* Fixot, 1992.
– Georges Courteline, *Œuvres,* Flammarion, 1983.
– Raymond Devos, *Sens dessus dessous,* Stock, 1976.
– Roland Dubillard, *Les Diablogues et autres inventions à deux voix,* coll. « Folio », n° 3177, Gallimard, 1998.
– Pierre Gripari, *Huit farces pour collégiens,* Grasset, 1989.
– Eugène Ionesco, *La Cantatrice chauve – La Leçon,* coll. « Folio », n° 236, Gallimard, 1954.
– Alfred Jarry, *Ubu roi,* coll. « Folio », n° 980, Gallimard.
– Molière, *Le Médecin malgré lui, Le Médecin volant, Le Malade imaginaire,* etc. : voir éditions de poche.
– Marcel Pagnol, *Topaze,* coll. « Fortunio », n° 10, Éditions de Fallois, 1988.
– Jacques Prévert, *Guignol,* Gallimard, 1992.
– Jean-Michel Ribes, *Pièces détachées,* Actes Sud, 1986.
– Jules Romains, *Knock ou le Triomphe de la médecine,* coll. « Folio », n° 60, Gallimard, 1972.
– Jean Tardieu, *Finissez vos phrases,* coll. « Folio Junior », Gallimard, 2000.

Bibliographie et filmographie

À REGARDER

– Marcel Carné, *Les Enfants du paradis*, 1945.
– Jean Renoir, *Le Carrosse d'or,* 1952.
– Terry Gilliam, *Les Aventures du baron de Münchausen*, 1988.

Jean-Louis Barrault et Arletty dans
Les Enfants du paradis, **de Marcel Carné, 1945.**

Imprimé en Italie par Rotolito Lombarda
Dépôt légal : Novembre 2010 - Collection n° 63 - Edition n° 07
16/8962/9